DANNION BRINKLEY, autor bestseller del *New York Times*, ha sido aclamado internacionalmente por su libro *Saved by the Light*. Tanto sus libros como sus giras y talleres han transformado la conciencia de audiencias a nivel global. Dannion ha sobrevivido a todo tipo de adversidades, incluyendo las dos veces que fue impactado por un rayo, una cirugía de corazón abierto, una cirugía de cerebro, una convulsión epiléptica masiva y tres experiencias cercanas a la muerte; ha obtenido así una experiencia incomparable en el área de la vida después de la muerte. Dannion ha participado en todos los programas de televisión y radio de mayor renombre, incluyendo *Larry King Live, Oprah, Dateline* y *Unsolved Mysteries*, entre otros. Para más información, visite la página web del autor: www.dannion.com.

PAUL PERRY es coautor del bestseller *Closer to the Light* y ha escrito más de diez libros de temas diversos. En 1988 recibió un *fellowship* del prestigioso *Freedom Forum Foundation* en la Universidad de Columbia. Perry fue también editor ejecutivo de la revista *American Health*, y ha escrito en diversas publicaciones tales como *Rolling Stone, Men's Journal* y *Reader's Digest*. Vive en Scottsdale, Arizona.

Otros libros por Dannion Brinkley

Secrets of the Light: Lessons from Heaven

The Secrets of the Light: Spiritual Strategies to Empower Your Life . . . Here and in the Hereafter

At Peace in the Light

La luz me salvó

La luz me salvó

Las revelaciones de un hombre
que murió dos veces

Dannion Brinkley

con Paul Perry

Con una introducción por el
Dr. Raymond Moody

Prólogo de la nueva edición por
Paul Perry

Traducción del inglés por
Rosana Elizalde

 rayo *Una rama de* HarperCollins*Publishers*

Este libro fue publicado originalmente en inglés en el año 1994 por
Villard. La nueva edición fue publicada en el año 2008 por HarperOne.

PRIMERA EDICIÓN RAYO, 2009

Library of Congress ha catalogado la edición en inglés.

ISBN: 978-0-06-172437-4

09 10 11 12 13 ZTA/RRD 10 9 8 7 6 5 4 3 2 1

Este libro está dedicado a los médicos, enfermeros y voluntarios que ofrecen su valioso trabajo a los enfermos desahuciados.

También a mi familia, los Brinkley, y especialmente al Dr. Raymond Moody.

Contenido

Prólogo

En el verano de 1992, impulsado por la necesidad de comprender qué sucede cuando morimos, me propuse encontrar a alguien que hubiera pasado completamente al reino de los muertos y hubiese regresado para contarlo. A estas personas se las conoce como "personas que han tenido una experiencia cercana a la muerte" ("NDEers" en inglés, por "Near Death Experiencers"), y comencé a buscar la mejor, aquella que pudiera contar más sobre cómo es la vida después de la muerte.

Comencé mi investigación con Raymond Moody, médico, doctor en medicina, el reconocido padre de los estudios sobre las experiencias cercanas a la muerte. Como joven estudiante de medicina, el Dr. Moody sintió curiosidad acerca de la vida después de la muerte al oír la historia del Dr. George Ritchie. Ritchie había "muerto" de neumonía en un hospital del ejército en Tejas en 1946. Cuando los médicos lo cubrieron con una sábana y lo prepararon para enviarlo a la morgue, Ritchie asegura que comenzó un viaje fuera de su cuerpo a través del país, volando a gran velocidad y pasando —y aun atravesando— varios puntos famosos que pudo identificar más tarde. Finalmente, en una especie de "soplido", Ritchie regresó a su cuerpo. Moody oyó a Ritchie contar su historia a una clase de filosofía y se sintió cautivado. Comenzó a recolectar historias similares de experiencias cercanas a la muerte, que él convirtió en un libro maravillosamente perspicaz y filosófico, llamado *Life After Life*. Yo había escrito un libro con Moody llamado *The Light Beyond*, y a través del trabajo que había hecho con este médico brillante, me había ido fascinando más y más el tema de las experiencias cercanas a la muerte. Bromeaba diciendo que mi vida estaba firmemente instalada en la muerte, y lo estaba. Pero yo quería ir aún más profundo en el tema, quería realmente comprender cómo era morir y regresar a la vida. Decidí que el mejor modo de acrecentar mis conocimientos en el tema era concentrarme en la historia de una persona, una única gran experiencia cercana a la muerte.

"Raymond, necesito ayuda", le dije, mientras visitaba al gran médico en su magnífica casa-molino en Oxford, Alabama. "Necesito encontrar la persona que tenga la mejor experiencia cercana a la muerte que hayas conocido".

Generoso como siempre, Moody comenzó a revelarme sus mejores opciones. Me contó algunas historias fascinantes de diferentes personas que habían muerto y visitado la otra vida antes de mencionar a alguien que había tenido una experiencia cercana a la muerte, llamado Dannion Brinkley.

"La de Brinkley es la mejor experiencia cercana a la muerte que he oído", dijo Moody. Mis oídos se abrieron instantáneamente. Los dos se habían encontrado en una universidad cerca de Aiken, South Carolina, adonde Moody había ido para hablar de su investigación sobre las experiencias cercanas a la muerte. Brinkley le contó su historia: había sido fulminado por un rayo mientras hablaba por teléfono. Un relámpago lo había golpeado detrás de su oído y había viajado por su cuerpo con tal potencia que los clavos de sus zapatos se habían soldado a los clavos del piso. Fue levantado en el aire y aterrizó en la cama que colapsó y cayó al suelo por la fuerza. Mientras que los técnicos médicos de emergencia trabajaban sobre su cuerpo, Brinkley comenzó un largo e intrincado viaje al otro mundo. Vio pasar su vida delante de él, fue testigo de todo lo que había hecho, tanto lo bueno como lo malo, y experimentó verdaderamente las consecuencias de sus acciones. Por ejemplo, sintió el dolor que provocaba una bala que había disparado durante la guerra cuando estallaba en el cuerpo de un enemigo al que le habían pedido que despachara. Después, vio el efecto que esa muerte tenía sobre la familia de ese hombre y sintió la profunda pena de su esposa. Había varios ejemplos más de cómo Brinkley había vuelto a vivir las cosas que había hecho durante su vida, uno más intrigante que el otro.

Luego, la historia había dado un giro hacia lo realmente asombroso. Cuando los médicos dieron a Brinkley por muerto y su cuerpo fue puesto sobre una camilla para ser llevado a la morgue, un grupo de seres angelicales le mostró el futuro. Uno a uno se presentaban con una caja y la abrían para revelar visiones crípticas de lo que sucedería en las décadas siguientes. No arruinaré ahora tu lectura describiendo los detalles de lo que le presentaron; están explicados más adelante en este libro. Solo diré que Moody estaba anonadado y perplejo por la precisión de la información que había recibido el hombre que estaba, en ese momento, tendido bajo una sábana blanca y considerado muerto por los médicos que lo atendían.

Moody me dijo muchas cosas más sobre la vida de Brinkley aquella tarde. Brinkley había estado involucrado en operaciones clandestinas para el gobierno de Estados Unidos; le dijo a Moody que trabajaba como contratista para los militares, y no quería decir que estuviera construyendo casas. Pero ahora, después de su experiencia de muerte, Brinkley era un hombre distinto. Sentía en lo profundo de su alma la necesidad de hacer el bien sobre la Tierra. Pero también tenía emociones contradictorias. Había vivido una vida violenta por tanto tiempo, decía Moody, que ni siquiera una audiencia con una multitud de ángeles podía espantar y sacar los demonios que lo habitaban.

Yo estaba completamente absorto por esta historia y quería oír hasta el último detalle. Le dije a Moody que no veía la hora de conocer a Dannion Brinkley. Lo que sucedió después fue una de las muchas extrañas coincidencias que se presentaron en mi relación con Brinkley. No habían pasado diez minutos cuando un auto entró con gran estruendo por la entrada de grava de Moody, y un personaje de apariencia ruda salió como disparado del asiento del conductor. Lucía como un cruce entre un Elvis rubio y Neal Cassidy, el chofer alocado de *On The Road*, de Jack Kerouac. Irrumpió en la casa sin golpear y comenzó a gritar con toda la fuerza de sus pulmones, "¡¡Hola, Raymond, ya llegué!!".

Abrazó a Moody como un oso y le sacó todo el aire de su cuerpo. Lo examiné con la mirada tan rápido como pude. Qué presencia tenía. Tenía la contextura de un última línea de defensa, delgado y huesudo, con un par de rasguños que hacían que pareciera haber estado recién en el campo de juego. Llevaba puestos anteojos que hacían que sus ojos lucieran más grandes de lo que eran, y cuando se dio vuelta y me miró fijamente, sentí que había sido elegido como presa por alguna clase de animal de la selva. No había cicatrices visibles en su cuerpo que indicaran que había sido alguna vez fulminado por un rayo. Pero mirándolo, me daba cuenta de que *algo* le había sucedido.

"¿Quién diablos eres?", gritó, acercándose a mí. No podía decir si iba a darme la mano o a quebrármela, y no estaba seguro si debía escapar o extender mi mano. Afortunadamente, Moody se interpuso y nos presentó.

Yo temblaba de miedo y excitación mientras le daba la mano a Brinkley, y no dejé de hacerlo en toda esa noche. Fuimos todos a cenar a Red Lobster, lugar donde Brinkley me amenazó con una "buena paliza" si no cerraba la boca y escuchaba sus historias acerca del grupo de ángeles que lo había ayudado a "ver el futuro" cuando había muerto.

Moody podía ver, por la mirada de preocupación en mi rostro, que yo me sentía un poquito abrumado. Cuando Brinkley se dio vuelta para hablar con una camarera, Moody me dio palmaditas en mi hombro. "No le gustan mucho los extraños", dijo. "Trata de relajarte. Se acostumbrará a ti".

Llevó un tiempo, pero Moody tenía razón. Al día siguiente Brinkley se había calmado considerablemente. Comenzó a contarme acerca de su vida *antes* de su experiencia cercana a la muerte, y sobre las violentas actividades en las que había estado involucrado como "contratista en el extranjero" para el gobierno de Estados Unidos. Después del rayo que casi le arrebata su vida luego de regresar de una misión en el extranjero, Brinkley ya no podía "hacer el trabajo" para el gobierno. Estaba, tal como él lo expresó, "casi" completamente cambiado por "el llamado telefónico de Dios".

Era el "casi" lo que le resultaba difícil a Brinkley. Dicho en términos simples, él había sido una especie de hombre *malo* antes de "la llamada telefónica de Dios". Después, sin embargo, su roce con la muerte y la visita vívidamente extraña a la otra vida lo habían forzado a ser un muy *buen* hombre. La consecuencia era una batalla con ambos lados de su propia psique: el bueno y el malo, el yin y el yang, Satanás y Dios; era la clásica lucha que muchos de nosotros tenemos diariamente, aunque creo que Brinkley tenía más con lo que trabajar, dado lo que había visto y hecho.

"Era de algún modo difícil saber quién era yo y qué debería hacer después de recibir una llamada telefónica de Dios", decía Brinkley. "Lo único que sé es que soy un hombre diferente y seré aún más diferente a medida que mi vida siga".

Y luego algo totalmente sorprendente sucedió. Brinkley comenzó a leer mi mente. La lectura de mi mente era sutil al principio. Me hablaba sobre algo que estaba en mi mente, inquietudes específicas que yo tenía acerca de un libro que estaba escribiendo con Moody, o pensamientos más profundos que tenía sobre la enfermedad de mi madre o mi esposa e hijos. De algún modo, mencionaba el tema concreto en el momento en que yo estaba pensando en él, como si hubiese oído mis pensamientos y estuviera respondiendo a una conversación que estuviésemos teniendo sin mover mis labios.

Después de que sucedió varias veces, le pregunté cómo lo hacía.

"Sucedió después de mi experiencia", dijo. "Descubrí que podía tocar a la gente y ver sus vidas o leer sus pensamientos".

Cuando dijo "ver sus vidas" era eso exactamente lo que quería decir. Comprobé que era realmente verdad cuando, en mi tercer día en la casa de Moody, Brinkley decidió hacer una demostración delante de mí de la magnitud de sus habilidades de vidente. Nos sentamos en el despacho del piso superior de Moody y Brinkley comenzó a hablar normal y naturalmente sobre detalles íntimos de mi vida. Yo he pasado un tiempo considerable con videntes o gente que piensa que lo es, y he llegado a la conclusión de que la mejor forma de descubrir si son impostores es responder tan poco como sea posible. Al no mostrar emociones hacia lo que dicen y al responder a pocas o ninguna de sus preguntas, aun los mejores impostores se vendrán abajo si no reciben una retroalimentación.

No mostré ninguna emoción mientras Brinkley seguía hablando sobre mi vida. Hasta donde recuerdo, no dije más de cinco a diez palabras durante la hora en que Brinkley me dijo cosas sobre mí que él nunca podría haber sabido. Por dentro, de todos modos, mi corazón palpitaba con fuerza y mi mente iba a toda velocidad a medida que me daba cuenta de que algo realmente extraordinario estaba sucediendo. Recordaba todo lo que había aprendido sobre experiencias cercanas a la muerte, especialmente las investigaciones que mostraban que las personas que habían tenido experiencias así tienen considerablemente más experiencias psíquicas que la población en general, y pueden ser tan profundamente cambiadas por la experiencia que luchan con su propia identidad por muchos años. Brinkley era la encarnación de todas estas cosas. Comencé a pensar, ¿era Brinkley el personaje del libro que había estado buscando? ¿Era su historia tan convincente y auténtica que los lectores podrían ver lo bueno y lo malo en el evento transformador conocido como experiencia cercana a la muerte? ¿Tenía él la mejor experiencia cercana a la muerte que podía encontrarse?

Me formulaba a mí mismo estas preguntas mientras Brinkley continuaba revelando detalles sobre mi vida. Decidí esperar hasta el día siguiente para tomar una decisión respecto a él. Mi agente, Nat Sobel, y mi editor, Diane Reverand, estaban volando desde Nueva York para visitarnos a Moody y a mí para hablar acerca de nuestro próximo libro. Los dos sabían que yo estaba interesado en explorar los misterios de la experiencia cercana a la muerte a través de una persona. Esperaría hasta que conocieran a Brinkley antes de preguntarles si ellos también pensaban que era la persona correcta para esa exploración.

Dije poco acerca de Brinkley al día siguiente, cuando Nat y Diane llegaron. De todos modos ellos no habían venido en busca de material para un nuevo libro, sino a discutir sobre el libro en el que Moody y yo estábamos trabajando en ese momento. En ese aspecto, Brinkley en verdad estaba de más en nuestras discusiones, era alguien que no pertenecía a la mesa de conversaciones y que, además, era ruidoso. Después de un rato, Nat sugirió que tomáramos un descanso y me pidió que lo acompañase afuera.

"¿Quién es ese muchacho?", preguntó con una leve irritación en su voz.

Le conté a Nat la historia de Brinkley tal como la conocía. Podía ver que él estaba menos impresionado que yo.

"Sólo desearía que cerrara la boca por un momento, de modo que podamos hablar", dijo.

Cuando volvimos a entrar en la casa, Diane y Brinkley se habían ido.

"¿Dónde está Diane?", preguntó Nat.

"Arriba con Dannion, en mi despacho", dijo Moody. "Él quería leerla".

Nat negó con la cabeza quejándose de la situación y se sentó en el sofá de la sala de estar. Resopló enojado por la circunstancia de que Brinkley estuviera leyendo a Diane en lugar de dejarla participar de nuestra reunión por el libro.

"¿Qué hace cuando lee a alguien?", le preguntó Nat a Moody.

"Bien", dijo Moody, haciendo aflorar su encantador acento sureño. "Es cuando alguien que es vidente lo demuestra diciéndote cosas acerca de ti mismo que no tendría posibilidades de conocer de otro modo que no fuera a través de poderes sobrenaturales".

"¿Cuánto tiempo le lleva?", preguntó Nat.

"Aproximadamente una hora", dijo Moody. "Tal vez más si es bueno".

Nat simplemente meneó la cabeza. Noventa minutos más tarde, Diane bajó las escaleras.

"Increíble", dijo radiante. Con su mesurada forma de hablar, Diane describió cómo Brinkley la había "leído", comenzando primero con una pequeña conversación que gradualmente había cruzado algún tipo de umbral hacia información que ella nunca le había dado. Luego, de repente, él estaba en su cabeza y hablando acerca de gente de su vida y de eventos demasiado personales como para ser contados entre extraños, que era lo que ahora éramos considerados nosotros después de su encuentro íntimo con Brinkley. Después, dijo Diane, él había hecho algo que realmente le había hecho estallar su cabeza. Sin tocar su valija de cuero abrochada, le había dicho qué había adentro. Mientras ella estaba allí sentada con su boca abierta, Brinkley "hojeaba" su archivos, diciéndole qué contenían las diferentes carpetas. La información era específica y precisa, dijo con una nota de temor y asombro en su voz.

"Tienes que dejar que te lea a ti también", le dijo a Nat con su modo convincente. "Fue increíble".

Ahora, Nat era el único escéptico en la habitación. Dijo que dejaría que Brinkley lo leyera algún día. Pero con algún poquito más de persuasión de parte de Diane, ése se convirtió en el día.

Nat se fue arriba con Brinkley y permaneció allí por una hora. Cuando bajó, el escepticismo había desaparecido de su rostro.

Sin decir una palabra, sabíamos que el libro de Brinkley estaba en nuestro futuro.

En pocas semanas habíamos firmado un contrato con el editor para hacer un libro que tentativamente titulamos *La luz me salvó*, y yo partí para Aiken, South Carolina, para tratar de obtener un libro de Brinkley.

Lleva más tiempo y trabajo escribir un buen libro con alguien que lo que la mayoría de la gente podría pensar. Todos los autores tienen su propio modo de entrar en la cabeza de un sujeto. Mi método es la técnica de la saturación: trato de convertirme en una esponja humana y de absorber tanto de mi sujeto como puedo. Hacer eso requiere que el autor dedique una gran cantidad de su tiempo libre al proyecto, tiempo en el cual no hacemos entrevistas ni hablamos sobre el libro en el que estamos trabajando, sino que simplemente estamos juntos.

De modo que a Brinkley le pregunté si podía hospedarme en su casa en lugar de hacerlo en alguno de los cómodos hoteles o pensiones que salpican la pintoresca ciudad sureña de Aiken. No le gustaba la idea, dijo. Su casa era pequeña. No es un problema para mí, dije yo. Él dijo que no, y yo insistí un poco más.

"Déjame dormir en el sofá", le dije. "De ese modo, si recuerdas algo mientras duermes puedes simplemente levantarte y comenzar a hablar".

Brinkley suspiró. De algún modo, mi tenacidad había funcionado.

Brinkley sacó una manta y una almohada hechas jirones y la sala de estar fue mía.

Me quedé menos de una semana.

Mirando mis notas del primer período de saturación, me doy cuenta de cuán difícil es entrar en la cabeza de Brinkley. No solo era un rompecabezas complejo sino que, además, era una de las piezas centrales de su ciudad, y las interrupciones eran constantes.

La gente pasaba por la casa de Brinkley simplemente para ver cómo estaba. Los visitantes más interesantes eran los que habían sido golpeados por un rayo también o que conocían a alguien a quien le había sucedido. A pesar de que Aiken es llano, es el punto más alto de South Carolina y por lo tanto invita a los fuertes rayos de las serias tormentas del Sur.

Estábamos sentados en su porche una noche cuando un hombre que pasaba caminando por la acera se detuvo para hablar.

"¿Recuerdas a Jim, el que dirigía el teatro?", le preguntó a Brinkley.

"Lo conozco bien", dijo Brinkley.

"Bien, estaba sobre la escalera cambiando el cartel del

teatro la semana pasada y lo alcanzó un rayo", dijo el hombre. "¿Está bien?", preguntó Brinkley.

"No, ¡está muerto!", dijo el hombre.

Brinkley se rió socarronamente, de la forma demasiado alegre en que siempre lo hace cuando se refiere a la muerte de alguien.

"Bien, entonces está muy bien", dijo.

Una hora después de esa conversación, una poderosa tormenta llegó y sembró toda la zona con rayos. A la mañana, fuimos a una librería en el centro comercial local y nos recibió una cajera con un rostro de mirada aturdida y líneas rojas brillantes que subían por sus brazos y atravesaban su rostro.

"¿Qué te sucedió, querida?", le preguntó Brinkley.

"Estaba poniendo dinero en la caja fuerte anoche y un rayo cayó en el centro comercial", dijo. "Me imagino que me podría haber matado".

Brinkley sólo se rió entre dientes.

Además de todas las interrupciones de los que yo pasé a llamar "la brigada del rayo", estaban también las de "la brigada del futuro": gente que quería que Brinkley les leyera su futuro para poder saber qué les sucedería a sus matrimonios, sus hijos, esposos, esposas, negocios, etc. Estaba empezando a llamarlo "el chamán del rayo".

Por ejemplo, un día estábamos sentados en un banco hablando sobre su historia, cuando una mujer se acercó y dijo, "He oído sobre usted, Sr. Brinkley". Brinkley le dio la mano cordialmente y le habló un poco. Ella no se iba y seguía hablando y haciendo preguntas sobre su vida que se suponía que Brinkley tenía que responder. Ni siquiera me vio hasta que yo le agradecí por haberse detenido para conversar. En ese momento, la mujer se levantó súbitamente y me miró con frialdad. "¡Señor, no hemos terminado de hablar!", luego me dio la espalda y continuó hablando con Brinkley.

"Eso es lo que no me hace desear escribir este libro", dijo Brinkley después de que la mujer se fue. "Perderé completamente mi privacidad. No podré ir a ningún lado sin ser reconocido y fastidiado. Este asunto de la videncia es exigente".

No creo que Brinkley haya estado bromeando cuando dijo que podría no querer escribir este libro. La idea de perder su privacidad claramente le molestaba. La fama es una espada de doble filo, y ambos lados cortan. Aunque se sentía obligado a contar la historia, también temía que lo condujera a la clase de atención y análisis minucioso que resultaría doloroso. Después de todo, Brinkley había sido una especie de delincuente cuando niño, y afirmaba haber tenido un pasado militar que era clandestino y violento. ¿Realmente quería que la gente se enterase de eso? Tal vez, decía, sería mejor mantener esos aspectos de su vida ocultos. Incluso sugirió escribir un libro que dejase afuera la historia personal de su pasado.

Yo simpatizaba con su posición, pero tenía que hacer mi trabajo también. Debía tomar lo que averiguara y convertirlo en la mejor historia que pudiera. Desde el principio le dije a Brinkley lo que les digo a todas las personas con o acerca de quienes escribo: si no quieres que algo esté en el libro, no me lo digas. El genio estaba fuera de la lámpara con lo que sabía y no había forma de ponerlo nuevamente adentro. Tenía que escribir lo que sabía si quería que este libro fuera tan bueno como todos esperaban.

Esta era una realidad perturbadora para Brinkley, y nuestras entrevistas —que fueron evasivas desde el comienzo— rápidamente perdieron tracción completamente. La grabadora estaba encendida, pero no había nadie que hablase. Brinkley estaba claramente ensimismado y yo estaba empezando a preocuparme. Tenía nueve meses para escribir el libro y ya había averiguaciones ansiosas tanto de parte de mi editor como de mi agente. Seriamente atrapado en el medio, elegí lo que me pareció ser el curso de acción más inteligente. Me fui.

"¿A dónde diablos estás yendo?", me preguntó Brinkley la mañana en que me vio empacando para partir.

"No llegaremos a ningún lado", le dije.

Volé de vuelta a Arizona, donde procedí a llamar tanto a Diane Reverand como a Nat Sobel para decirles que todo iba fantástico.

Después elegí otra táctica. Llamé a Brinkley y le dije que hablaría con él tres veces a la semana por teléfono a un horario predeterminado. Habíamos preparado una lista de capítulos que serían incluidos en el libro y nuestro objetivo sería hacer una entrevista completa sobre cada capítulo en una sentada. No hablaríamos sobre ninguna otra cosa que no fuera el capítulo hasta que la entrevista finalizara.

Este método funcionó como por encanto, y en poco tiempo yo estaba tan inmerso en los detalles de *La luz me salvó* que sentía una inmensa ansiedad por tener nuestras próximas sesiones de entrevistas. *La luz me salvó* es un libro apasionante para leer, pero oír la historia de Brinkley directamente de la fuente es una experiencia intensamente poderosa.

Esperaba con tanta ansiedad nuestras sesiones de entrevistas como esperaría el próximo episodio de *La guerra de las galaxias*. Las sesiones tenían lugar por la tarde y generalmente continuaban hasta entrada la noche. Manejar un material tan rico era tan emocionante que en ocasiones era difícil dormir después de cortar la comunicación con Brinkley. Yo había conocido la historia en general, pero no los detalles específicos, y oír por primera vez estos detalles con tanta riqueza me provocó una sensación de apuro. Para un escritor, era el paraíso.

Creo que *La luz me salvó* es el único libro que he terminado antes de la fecha de entrega. Entrevistar a Brinkley y luego escribir a partir de las cintas, era como mirar una película maravillosa, una que se detuviera después de varias escenas y solo comenzara de nuevo cuando yo tuviera suficiente información como para crear las escenas siguientes. A pesar de que su experiencia había tenido lugar más de una década atrás, recordaba cada momento punzante de ella como si hubiera sucedido el día anterior.

Su habilidad para recordar tenía mucho que ver con el hecho de que las heridas que le había producido el rayo nunca le permitirían olvidar.

Aunque Brinkley es robusto y tiene buenos músculos, su corazón fue seriamente lesionado por el rayo. Algunos años después de su "llamada telefónica de Dios", una de sus válvulas cardíacas fue destruida por una infección staph y fue imprescindible que se la reemplazaran por una válvula artificial. Esto requirió una peligrosa cirugía a corazón abierto que tuvo éxito; de todos modos, la bacteria fue persistente.

He estado con Brinkley en muchas ocasiones en las que la infección empeoró tan rápidamente que pensé que moriría antes de que pudiera recibir ayuda. Llegué a acostumbrarme a esto, pero al principio no tenía idea de qué podía hacer, tampoco tenía siquiera idea de que esta persona aparentemente saludable podía ponerse cianótico en cuestión de minutos.

Fue a mitad de camino en la escritura de *La luz me salvó* que fui testigo directo de la mortalidad de Brinkley. Él y Moody habían sido invitados a hablar en una conferencia New Age en Tampa. Era tarde en la tarde y estábamos yendo a ver una película y a cenar.

Los tres tomamos un taxi hacia el cine y llegamos justo a tiempo para la película. Compramos nuestros boletos y entramos directamente en la sala. No miré realmente a Brinkley mientras entrábamos, pero sí noté que su respiración parecía trabajosa. Estaba oscuro cuando terminó la película, pero les pedí que caminásemos de vuelta al hotel para hacer un poco de ejercicio. Moody aprobó la idea efusivamente. Brinkley no dijo nada.

Cuando habíamos caminado aproximadamente dos millas, me di cuenta de que Brinkley no estaba hablando (un estado insólito para él) y también que estaba respirando con dificultad. Debajo de un farol nos detuvimos a mirarlo.

"¡Dannion! ¡Estás azul!", declaró Moody.

"Lo sé", dijo Brinkley. "¡Me estoy muriendo!".

Se rió después de decir eso, pero yo no lo encontré gracioso.

Cruzamos la calle hacia un Burger King. El restaurante estaba vacío y el hombre detrás de la registradora tenía una mirada de incertidumbre y temor mientras observaba a Brinkley aproximarse al mostrador.

"¿Lo puedo ayudar?", preguntó.

Las luces fluorescentes del restaurante nos dejaron ver a un Brinkley que estaba tan azul como un par de pantalones de *jean* Levi's y dando boqueadas para poder respirar. De todos modos, la pregunta hizo salir lo mejor de Brinkley.

"Sí, señor. Puedes. Solo quiero tenderme en esa mesa y hacerme una tremenda siesta. ¿Puede ser?".

El hombre salió de detrás del mostrador y limpió la mesa antes de que Brinkley pudiera cruzar el salón. Verlo caminar era como mirar a un alpinista intentando llegar a la cumbre del monte Everest. Daba unos pocos pasos, se detenía a tomar aire, y después daba algunos más. Y no, no quería ninguna ayuda para llegar a la mesa. Brinkley llegaría allí por su cuenta, de a un paso por vez.

Yo quería llamar al 911, pero Brinkley no quería nada de eso. "Llama a un taxi", dijo. "Y llévame al hotel. No temo morir, simplemente no quiero morir en el hospital".

Y así fue. El hombre de detrás del mostrador llamó a un taxi, y media hora más tarde, cuando llegó, Brinkley luchó para salir del restaurante y regresó al hotel. Al día siguiente, todavía enfermo y azul, se paró sobre el escenario y dio un potente discurso.

"Realmente no tiene miedo a morir", dijo Moody, mientras caminábamos el resto del camino hacia el hotel esa noche. "Me sorprendo cada vez que lo veo, pero realmente no tiene miedo".

Cuando *La luz me salvó* fue publicado, se convirtió en un bestseller instantáneamente, aun antes de que Brinkley hiciera su gira de promoción. Cuando comenzó a dar entrevistas, el libro trepó más alto en la lista de bestsellers del *New York Times* y permaneció allí. Después comenzó a aparecer en listas de bestsellers de todo el mundo. La historia de Brinkley se ha convertido en un clásico de culto.

Creo que con toda justicia podemos decir que este libro ha causado un gran cambio en las actitudes hacia la vida y la muerte. En los años que siguieron a su publicación, he oído decenas de miles de personas dar testimonio del poder que ha tenido en sus vidas. Y he recibido miles de cartas de lectores que me agradecían por poner la historia de Brinkley en la imprenta, alabándola como una maravillosa exploración del mundo espiritual.

Si lo piensas, el conocimiento espiritual extraordinario puede ser una pesada carga. Afortunadamente, Brinkley se fue sintiendo más cómodo poco a poco con el conocimiento que había adquirido del otro lado y felizmente lo ha compartido con otros. Una de las cosas de las que se siente más orgulloso es de la Twilight Brigade, un grupo de voluntarios que ayudan a los enfermos desahuciados, que fundó en 1984. Era una de las tareas que le fueron asignadas por los Seres de Luz y es la razón principal por la que considera que se le permitió volver a la vida. Desde que escribió este libro, Brinkley ha estado junto al lecho de muerte de 367 veteranos, incluyendo su padre, a través de su trabajo con la Twilight Brigade. Tiene hechas 26.000 horas junto a las camas de los moribundos. Además, ha organizado a más de 13.000 cuidadores voluntarios en todo el país para colaborar con los esfuerzos de acompañamiento a los enfermos desahuciados en los hospitales de la Veterans Administration (Administración de Veteranos) en todo Estados Unidos. Y además de todo esto, Brinkley da como 100 conferencias públicas por año, lo que implica una cantidad de viajes que encuentro sorprendente para cualquiera, más aun para alguien que ha sido golpeado mortalmente por un rayo y tiene una válvula cardíaca dañada. Ah, sí, y permítanme agregar un punto más a esa lista de tareas de exigencia espiritual: Brinkley y su esposa Kathryn han escrito *The Secrets of the Light* (HarperOne), un libro que examina con mayor profundidad las profecías que le fueron reveladas en la ciudad de cristal que Brinkley llama, sin ningún tipo de reparo, "Cielo". Todas las tareas mencionadas antes exigen mucha energía de parte de Brinkley, sin embargo él aborda cada una de ellas con genuino entusiasmo. Después de todo, los seres angelicales le pidieron que hiciera estas cosas después de que murió.

"Nos hemos hecho bien el uno al otro", me dijo Brinkley una noche, después de dar una encendida charla en Los Ángeles. "Mientras me ayudabas a comprenderme a mí mismo, te comprendiste a ti mismo también".

Me reí cuando dijo eso, sabiendo que era verdad.

Brinkley siempre ha sido muy generoso al reconocer mi contribución al libro, a su vida, incluso a algunas de las líneas de sus discursos plenos de fuerza. Pero el mejor de sus dichos frecuentemente usados es uno atribuido al místico francés Teilhard de Chardin, quien dijo: "Somos seres espirituales teniendo una experiencia humana".

Todos sabemos qué quiere decir. Hablando de mi propia vida, he tenido el infortunio de perder a familiares y amigos. La idea de que sus espíritus existen de alguna forma significativa después de su muerte física es reconfortante. Y también lo es conocer a alguien como Dannion Brinkley. Leer este libro es saber que él es inquebrantable en sus convicciones. ¿Cuáles son esas convicciones específicamente? Lee este libro y descúbrelo. No tengo dudas de que cambiará tu vida del mismo modo que simplemente conocerlo a él, ha cambiado la mía.

—*Paul Perry*
2008

Introducción

La primera vez que leí sobre Dannion Brinkley fue en un artículo del periódico de Augusta, Georgia. La historia relataba que a un joven de una comunidad cercana de South Carolina le había caído un rayo en la cabeza mientras hablaba por teléfono, y que había sido milagrosamente resucitado de un paro cardíaco. Todavía estaba con vida, pero esta pendía de un hilo. Estaba en una situación muy crítica, y parecía haber muy pocas posibilidades de que sobreviviera.

Era el año 1975, y mi libro *Life After Life* estaba a punto de ser publicado. Recuerdo que en ese momento me preguntaba si habría tenido una experiencia cercana a la muerte. Archivé el artículo del periódico, pensando que en algún momento más adelante verificaría la información sobre su condición y tal vez, incluso, lo visitaría si todavía estaba vivo.

Resultó ser que fue él quien me buscó a mí.

Yo estaba dando una conferencia en la universidad de una comunidad en South Carolina, sobre experiencias cercanas a la muerte y sobre mis estudios acerca de las personas que habían tenido estas experiencias profundamente espirituales mientras estaban en el umbral de la muerte. Durante el período de discusión al final de la charla, Dannion levantó la mano y nos contó su experiencia. Mantuvo al público cautivado con su dramática historia. Le contó a la gente que había dejado su cuerpo después de haber sido "matado" por un rayo y había viajado hacia un reino espiritual en el que el amor impregnaba todo y el conocimiento era tan accesible como el aire. Mientras él contaba su historia, me di cuenta de repente que éste era el joven sobre el que había leído en el periódico.

Después hice una cita con él para entrevistarlo y fui a su casa a escuchar su historia. Hasta el día de hoy, la experiencia cercana a la muerte de Dannion Brinkley sigue siendo una de las más extraordinarias que he oído. Vio su propio cuerpo muerto dos veces, cuando lo dejó y cuando regresó, y en el período intermedio estuvo en un reino espiritual lleno de seres poderosos que le permitieron ver una revisión total de su vida y evaluar sus propios éxitos y fracasos. Después fue a una hermosa ciudad de cristal y luz y se sentó ante la presencia de trece Seres de Luz que lo colmaron de conocimiento.

Lo más sorprendente fue el tipo de conocimiento al que lo expusieron. Ante la presencia de estos seres espirituales, decía Dannion, se le permitió vislumbrar el futuro.

Me contó lo que había visto, y consideré que se trataba de puras tonterías, desvaríos de un hombre cocinado por un rayo. Por ejemplo, me dijo que el desmoronamiento de la Unión Soviética ocurriría en 1989 y que estaría marcado por disturbios vinculados a la falta de alimentos. Incluso me contó sobre una gran guerra en los desiertos de Medio Oriente que sería llevada adelante cuando un país pequeño fuera invadido por un país grande. De acuerdo con los Seres de Luz, habría un enfrentamiento entre dos ejércitos, uno de los cuales sería destruido. Esta guerra tendría lugar en 1990, insistía Dannion. La guerra de la que estaba hablando era, por supuesto, la Guerra del Golfo.

Como ya he dicho, consideré que estas predicciones no eran más que tonterías. Con el correr de los años simplemente he asentido con la cabeza y tomado nota de lo que ha dicho. Por mucho tiempo pensé que su cerebro estaba embarullado de algún modo por el incidente, y deseaba darle una cantidad considerable de libertad. Después de todo, razonaba, ¿quién no sería un poquito extraño después de haber sido fulminado por un rayo?

Tiempo después era yo el que actuaba como una persona fulminada por un rayo, cuando me di cuenta de que ¡los eventos sobre los que me había contado se hacían realidad! ¿Cómo puede ser?, me preguntaba. ¿Cómo puede una experiencia cercana a la muerte otorgar la capacidad de ver el futuro? No tenía la respuesta.

He sido muy amigo de Dannion desde que nos encontramos por primera vez en 1976. En los años que han transcurrido desde entonces, otra revelación me ha hecho sentir como si me hubiese partido un rayo: ¡Dannion Brinkley parece ser capaz de leer la mente!

Lo ha hecho muchas veces conmigo, simplemente me ha mirado a los ojos y me ha dicho qué estaba sucediendo en los aspectos más íntimos de mi vida. Lo que es aun más importante, lo he visto claramente leer las mentes de personas totalmente extrañas, diciéndoles qué habían recibido en su correo ese mismísimo día, quién los había telefoneado o cómo se sentían acerca de sus esposos, hijos, incluso acerca de sí mismos.

No lo hace en forma de proclamaciones vagas. Por el contrario, es increíblemente específico. Una vez vino a un salón de clase de la universidad, en el que yo estaba enseñando, y ¡pudo dar detalles de la vida personal de cada estudiante de la sala! Era tan preciso y específico en sus lecturas que todos los estudiantes tenían la respiración entrecortada y algunos sollozaban abiertamente ante sus revelaciones. Debo señalar que él nunca había hablado con absolutamente ninguno de los estudiantes antes de entrar al salón de clases. Eran todos completamente extraños.

Lo he visto "leer la mente" de perfectos extraños tantas veces que se ha vuelto una cosa casi común y corriente en mi vida. En realidad, he llegado a apreciar ese momento de reconocimiento en el que el escepticismo de una persona es reemplazado por el sobrecogimiento, después por el asombro, al darse cuenta de que sus pensamientos más privados están siendo leídos como en un libro abierto.

¿Cómo es posible que una persona que ha tenido una experiencia cercana a la muerte sea capaz, repentinamente, de leer las mentes y de predecir el futuro?

En su libro *Transformed by the Light*, el Dr. Melvin Morse describe un estudio que él mismo condujo, el cual muestra que las personas con una experiencia cercana a la muerte tienen el triple de experiencias psíquicas comprobables que aquellos que nunca han tenido una experiencia cercana a la muerte. Sus habilidades psíquicas no son tan profundas como las exhibidas por Dannion, pero, no obstante, son susceptibles de ser medidas. Este estudio confirma otros de su estilo y prueba que hay algo en estas experiencias profundamente espirituales que estimula las percepciones extrasensoriales en las personas que las tienen.

Al final, admito haber sido abrumado por Dannion Brinkley. Al mismo tiempo, me reconforta de algún modo esta historia. Es, después de todo, un misterio, pero los misterios como este nos impulsan hacia adelante en busca de respuestas.

—*Dr. Raymond Moody*

La luz me salvó

UNO

La primera vez
que morí

Aproximadamente cinco minutos antes de morir, pude oír el retumbar del trueno mientras que otra tormenta entraba resueltamente en Aiken, South Carolina. Por la ventana pude ver un relámpago cruzando el cielo, haciendo un sonido de chisporroteo antes de reventar contra el suelo; "artillería de Dios", lo llamaba alguien de mi familia. A lo largo de los años yo había oído docenas de historias sobre personas y animales que habían sido alcanzados y matados por un rayo. Las historias de rayos que mi tío abuelo me contaba en las noches en que tormentas de verano entraban con estruendo y la habitación se iluminaba con luz estroboscópica con fogonazos brillantes, me producían tanto miedo como las historias de fantasmas. El temor a los rayos nunca me abandonó. Incluso esa noche del 17 de septiembre de 1975, a los veinticinco años, quería dejar el teléfono rápidamente para evitar una "llamada de Dios" (Creo que era también mi tío abuelo quien solía decir: "Recuerda, si recibes una llamada de Dios, usualmente te conviertes en zarza ardiente", pero estoy seguro de que lo decía a modo de broma).

"Epa, Tommy, tengo que dejarte, está viniendo una tormenta".

"Y entonces, ¿qué?", me dijo.

Yo había llegado a casa después de un viaje a Sudamérica por solo unos pocos días y me había plantado en el teléfono. Trabajaba para el gobierno y también estaba involucrado en varios negocios propios. Poseía y alquilaba varias casas, compraba y reparaba autos viejos, ayudaba en el negocio de comestibles de mi familia y me encontraba en el proceso de iniciar una compañía. Mientras la lluvia caía afuera, yo tenía que terminar esta última llamada telefónica a un socio de negocios.

"Tommy, me tengo que ir. Mi madre siempre me dice que nunca hable por teléfono durante una tormenta eléctrica".

Y ahí fue. El próximo sonido que oí fue como el de un tren de carga entrando en mi oído a la velocidad de la luz. Descargas de electricidad corrieron a través de mi cuerpo y sentí como si cada célula de mi ser estuviera bañada en electrolitos. Los clavos de mis zapatos se soldaron a los clavos del piso, de modo que cuando fui lanzado al aire, mis pies salieron de ellos. Vi el cielo raso frente a mi rostro, y por un momento no pude imaginar qué energía era ésa que podía causar un dolor tan punzante y sostenerme en sus garras, suspendido sobre mi propia cama. Lo que debe de haber sido una fracción de segundo me pareció una hora.

En algún lugar del corredor, mi esposa Sandy había gritado "Ese pegó cerca", cuando oyó el trueno. Pero yo no la oí decir eso, supe eso mucho tiempo después. Tampoco vi su rostro horrorizado cuando miró a lo largo del corredor tratando de ver qué había pasado y me vio suspendido en el aire. Por un momento todo lo que vi fue el yeso del cielo raso.

Después pasé a otro mundo.

Dejé atrás un inmenso dolor y me encontré sumido en paz y tranquilidad. Era una sensación que no había conocido antes y que no he tenido desde entonces. Era como estar inmerso en una calma gloriosa. Este lugar al que fui era una atmósfera de azules y grises profundos donde pude realmente relajarme por un momento y preguntarme qué había sido lo que me había golpeado tan fuerte. ¿Un avión se había estrellado en mi casa? ¿Nuestro país estaba bajo un ataque nuclear? No tenía idea de qué había sucedido, pero aun en ese momento de paz quería saber dónde estaba.

Comencé a mirar a mi alrededor, a dar vueltas en el aire. Debajo de mí estaba mi propio cuerpo, tirado sobre la cama. Mis zapatos estaban humeando y el teléfono estaba derretido en mi mano. Pude ver a Sandy entrar corriendo a la habitación. Se paró al lado de la cama y me miraba con una expresión aturdida, el tipo de expresión que encontrarías en un padre que ve a su niño flotando con el rostro hacia abajo en una pileta de natación. Tembló por un momento y después se puso a trabajar. Recientemente había tomado un curso de resucitación cardíaco pulmonar y sabía exactamente qué hacer. Primero, despejó mi garganta y movió mi lengua a un lado, después inclinó mi cabeza hacia atrás y comenzó a soplar dentro de mi boca. Uno-dos-tres soplos y después se sentó a horcajadas sobre mi estómago y empezó a presionar mi pecho. Estaba presionando tan fuerte que producía un quejido con cada presión hacia abajo.

Debo de estar muerto, pensé. No sentía nada porque no estaba en mi cuerpo. Yo era un espectador de mis momentos finales sobre la tierra, tan desapasionado al ver mi propia muerte como podría estarlo si estuviera mirando a actores representarla en la televisión. Lamentaba que Sandy estuviese sufriendo y podía sentir su temor y dolor, pero no me preocupaba la persona que yacía sobre la cama. Recuerdo un pensamiento que muestra cuán lejos del dolor estaba. Mientras miraba al hombre que estaba sobre la cama recuerdo pensar que era más buen mozo que eso.

La resucitación cardíaco-pulmonar debe de haber funcionado, porque de repente estaba de regreso en mi cuerpo. Sobre mí podía sentir a Sandy presionando con fuerza sobre mi pecho. En condiciones normales, esa presión capaz de quebrar un hueso sería dolorosa, pero yo no la sentía. La electricidad había atravesado mi cuerpo, y no había un solo punto en mí que no se sintiera como si hubiera sido quemado desde dentro hacia fuera. Comencé a gemir, pero solo porque estaba demasiado débil como para gritar.

Tommy apareció en menos de diez minutos. Sabía que algo estaba mal porque había oído la explosión por el teléfono. Había sido un hombre del cuerpo de la Armada, de modo que Sandy dejó que él se hiciera cargo. Tommy me envolvió en una manta y le dijo a Sandy que llamara a la unidad de emergencia médica. "Haremos lo que podamos", dijo, poniendo su mano sobre mi pecho.

Para ese momento yo ya había dejado mi cuerpo otra vez, y miraba cómo Tommy me sostenía y maldecía la lentitud de la ambulancia, que podíamos oír aproximándose en la distancia. Me mantenía suspendido sobre los tres, Sandy, Tommy y yo mismo, mientras que los técnicos médicos me cargaban sobre la camilla y me empujaban hacia la ambulancia.

Desde donde estaba suspendido, aproximadamente quince pies arriba de todos, podía ver la lluvia torrencial que golpeaba mi cara y azotaba las espaldas del personal de la ambulancia. Sandy estaba llorando y eso me apenaba. Tommy estaba hablando en voz baja con los paramédicos. Me deslizaron dentro de la ambulancia, cerraron las puertas y se largaron.

La perspectiva que tenía era la de una cámara de televisión. Sin pasión ni dolor, miraba cómo la persona que estaba sobre la camilla comenzaba a sacudirse y a saltar. Sandy se apretaba contra el costado de la ambulancia, apartándose aterrorizada de la vista del hombre que amaba, que se convulsionaba en la camilla delante de ella. El técnico médico de emergencias inyectó algo en el cuerpo, esperando algún resultado positivo, pero después de varios segundos de dolorosas convulsiones, el hombre de la camilla dejó de moverse. El técnico puso un estetoscopio sobre su pecho y dejó escapar un suspiro.

"Se ha ido", le dijo a Sandy. "Se ha ido".

De repente me di cuenta: ¡Ese hombre sobre la camilla era yo! Vi cómo el técnico extendía una sábana sobre mi rostro y se sentaba hacia atrás. La ambulancia no disminuyó la velocidad, y el técnico que estaba en el asiento de adelante seguía comunicado por radio con el hospital, tratando de saber si había algo que los doctores quisiesen que hiciera. Pero el hombre que estaba en la camilla estaba claramente muerto.

¡Estoy muerto!, pensé. No estaba en mi cuerpo y honestamente puedo decir que no quería estarlo. Si tenía algún pensamiento, era simplemente que la persona que yo era no tenía nada que ver con ese cuerpo que acababan de cubrir con una sábana.

Sandy estaba sollozando y dándole palmaditas a mi pierna. Tommy estaba aturdido y se sentía abrumado por lo repentino de este evento. El técnico médico de emergencias sólo miraba mi cuerpo y se sentía un fracaso.

"No te sientas mal, amigo", pensaba yo. *"No es tu culpa"*.

Miré al frente de la ambulancia hacia un punto sobre mi cuerpo muerto. Se estaba formando un túnel, abriéndose como el ojo de un huracán y viniendo hacia mí.

Luce como un lugar interesante para estar, pensé. Y allí me fui.

DOS

El túnel a la eternidad

En realidad yo no me moví en absoluto; el túnel vino hacia mí. Se oía el sonido de campanillas a medida que el túnel se acercaba en forma de espiral hacia mí y luego alrededor de mí. Pronto ya no veía nada —ni a Sandy llorando, ni al equipo de la ambulancia tratando de hacer arrancar mi cuerpo muerto, ni el parloteo desesperado con el hospital por la radio—, solo un túnel que me envolvió completamente y el sonido intensamente hermoso de siete campanillas que sonaban en sucesión rítmica.

Miré hacia delante, a la oscuridad. Había una luz allí arriba y comencé a moverme hacia ella tan rápido como me era posible. Me estaba moviendo a gran velocidad sin usar piernas. Adelante, la luz se volvía más y más brillante, hasta que superó la oscuridad y me dejó parado en un paraíso de luz destellante. Era la luz más brillante que hubiese visto, pero a pesar de eso, no lastimaba mis ojos en lo más mínimo. A diferencia del dolor que uno podría sentir cuando sale a la luz del Sol desde una habitación oscura, esta luz era un alivio para mis ojos.

Miré hacia mi derecha y pude ver una forma plateada que aparecía como una silueta a través de la niebla. Mientras que se acercaba comencé a sentir un profundo sentimiento de amor que abarcaba todos los sentidos de la palabra. Era como si estuviera viendo a una amante, una madre y a un mejor amigo, multiplicados por mil. Cuando el Ser de Luz se acercó, estos sentimientos de amor se intensificaron hasta que se volvieron una sensación casi demasiado placentera para soportar. Sentía que me había vuelto menos denso, como si hubiese perdido veinte o treinta libras. El peso de mi cuerpo había sido dejado atrás, y ahora yo era un espíritu sin peso.

Miré mi mano. Era translúcida y brillante y se movía con fluidez, como el agua en el océano. Miré hacia abajo, a mi pecho. Este también tenía la translucidez y el vuelo de una finísima seda en la brisa suave.

El Ser de Luz se paró directamente delante de mí. Cuando miré su esencia pude ver prismas de colores, como si estuvieran compuestos de miles de diamantes diminutos, cada uno emitiendo los colores del arco iris.

Comencé a mirar a mi alrededor. Debajo de nosotros había otros seres que lucían como yo. Parecían estar perdidos y titilaban con una frecuencia mucho menor a la mía. Mientras los miraba, percibí que yo disminuía la frecuencia también. Había una especie de desasosiego en esta vibración reducida que me hizo apartar la mirada.

Miré hacia arriba. Había más seres, estos eran más brillantes y radiantes que yo. Sentí inquietud mientras los miraba a ellos también, porque comencé a vibrar más rápido. Era como si hubiese bebido demasiado café y ahora estuviese aumentando la velocidad y moviéndome demasiado rápido. Aparté la mirada y miré directamente hacia delante, al Ser de Luz, que ahora estaba parado de frente a mí. Me sentía cómodo ante su presencia, una familiaridad que me hizo creer que él había experimentado todos los sentimientos que yo hubiese tenido alguna vez, desde el momento en que respiré por primera vez hasta el instante en que fui calcinado por el rayo. Mirando a este Ser tenía el sentimiento de que nadie me podía amar más, nadie podía tener más empatía, simpatía, valentía y compasión sin juicio por mí, que este Ser.

Aunque me refiero al Ser de Luz como a un "él", nunca vi a este Ser ni como hombre ni como mujer. He repasado en mi cabeza este encuentro inicial muchas veces y honestamente puedo decir que ninguno de los Seres que encontré tenía género, solo un enorme poder.

El Ser de Luz me envolvió, y cuando lo hizo comencé a experimentar mi vida completa, sintiendo y viendo todo lo que me había sucedido alguna vez. Era como si un dique se hubiera abierto de golpe y cada recuerdo almacenado en mi cerebro fluyera en gran caudal.

Esta revisión de mi vida no fue placentera. Desde el momento en que comenzó hasta el momento en que terminó, me vi enfrentado a la escalofriante realidad de que yo había sido una persona desagradable, alguien egocéntrico y miserable.

La primera cosa que vi fue mi enojada niñez. Me vi a mí mismo torturando a otros chicos, robando sus bicicletas o haciéndolos sentir tristes en la escuela. Una de las escenas más vívidas fue la vez en que me las agarré con un niño en la escuela primaria porque tenía bocio que sobre-salía de su cuello. Los otros chicos de la clase se las agarra-ron con él también, pero yo era el peor. En ese momento pensaba que era divertido. Pero ahora, mientras volvía a vivir ese incidente, me encontré a mi mismo en su cuerpo, viviendo con el dolor que yo le estaba causando.

Esta perspectiva se mantuvo a lo largo de cada inci-dente negativo de mi niñez, un número sustancial de veces, puedes estar seguro. Desde el quinto al décimo segundo año, estimo que tuve al menos seis mil peleas de puño. Ahora, mientras volvía a ver mi vida en el seno del Ser, volvía a vivir cada una de esos altercados, pero con una diferencia enorme: yo era quien los recibía.

No era quien los recibía en el sentido de que sintiera los golpes que yo había repartido; más bien, sentía la an-gustia y la humillación que sentía mi oponente. Muchas de las personas con las que peleaba se lo merecían, pero otros eran víctimas inocentes de mi enojo. Ahora yo es-taba forzado a sentir su dolor.

También sentía la pena profunda que había causado a mis padres. Yo había sido incontrolable y había estado orgulloso de eso. A pesar de que ellos me habían casti-gado y me habían gritado, yo les había dejado saber por mis acciones que ninguna de sus medidas disciplinarias me importaba realmente. Muchas veces me habían su-plicado y muchas veces se habían encontrado con la frustración. Yo con frecuencia había hecho alarde ante mis amigos de cómo había lastimado a mis padres. Ahora, en la revisión de mi vida, sentía su dolor psicoló-gico al tener a un chico tan malo.

Mi escuela primaria en Carolina de Sur tenía un sistema de sanciones. Si los estudiantes recibían quince sanciones, se citaba a sus padres para tener una reunión con ellos, y aquellos que tenían treinta sanciones en su registro eran suspendidos. En séptimo grado, yo había recibido 154 sanciones para el tercer día de clase. Yo era esa clase de estudiante. Ahora, a esa clase de estudiantes los llaman "hiperactivos", y hacen algo por ellos. En ese entonces, se nos llamaba "chicos malos" y se consideraba que éramos causas perdidas.

Cuando estaba en cuarto grado, un chico pelirrojo llamado Curt me esperaba todos los días antes de la escuela y me amenazaba con darme una paliza si no le daba el dinero de mi almuerzo. Yo tenía miedo, entonces le daba mi dinero.

Finalmente, me cansé de pasar todo el día sin comer y le conté a mi padre lo que estaba sucediendo. Él me enseñó cómo hacer una cachiporra con un par de medias de nylon de mi madre, a la que llenamos con arena y le atamos los extremos. "Cuando te moleste otra vez, golpéalo con la cachiporra", me dijo.

Mi papá no quería que lo lastimase, solo estaba mostrándome cómo protegerme de los chicos más grandes. El problema es que después de aporrear a Curt y quedarme con su dinero, desarrollé un gusto por la pelea. Desde ese momento en adelante, todo lo que quería hacer era infligir dolor y ser bravucón.

Cuando estaba en quinto grado, interrogué a mis amigos para averiguar quién pensaban ellos que era el chico más duro del barrio. Todos estuvieron de acuerdo en que era un chico bajo y fornido llamado Butch. Me dirigí a su casa y golpeé la puerta. "¿Está Butch?", le pregunté a su mamá. Cuando él salió a la puerta, lo golpeé hasta que cayó al porche, y después escapé corriendo.

No me importaba con quién peleaba, o cuán grande era físicamente o en edad. Todo lo que quería era hacer salir sangre.

Una vez, en sexto grado, una maestra me pidió que dejase de interrumpir la clase. Como no la obedecí, me tomó del brazo y comenzó a llevarme hacia la oficina del director. Cuando salimos del salón de clase, me liberé de un tirón y le lancé un golpe de gancho que la derribó al suelo. Mientras ella se tomaba su nariz que sangraba, yo seguí caminando solo a la oficina del director. Tal como les expliqué a mis padres, no me importaba ir a su oficina, simplemente no quería ser llevado allí por una maestra.

Vivíamos al lado de la escuela secundaria junior a la que iba, y podía sentarme en el porche y mirar a los chicos en el patio de juegos de la escuela los días en que estaba suspendido. Un día estaba sentado allí cuando un grupo de chicas se acercó a la cerca y ellas empezaron a reírse de mí. No iba a soportar eso. Entré en la casa, tomé la escopeta de mi hermano y la cargué con sal en grano. Después salí y les disparé a las chicas en la espalda mientras huían gritando.

Para cuando tenía diecisiete era conocido como uno de los mejores luchadores en mi escuela secundaria. Peleaba casi todos los días para mantener mi reputación. Cuando no podía encontrar chicos de mi propia escuela para darles una paliza, confiaba en los chicos malos de otras escuelas para competir.

Al menos una vez a la semana teníamos peleas organizadas en una playa de estacionamiento cerca de la escuela. Los estudiantes venían de hasta treinta millas de distancia para participar en estas peleas. Los días que yo peleaba, muchos de los chicos no salían de sus autos, porque después de aporrear a mi oponente, me las agarraba con algunos espectadores solo por diversión.

Eran los días de escuelas secundarias con segregación racial, y teníamos guerras terribles entre negros y blancos.

El campeón negro era un gigante llamado Lundy. Nadie quería pelear con él después de que venció al campeón blanco en una salvaje batalla de dos minutos. Incluso yo traté de evitarlo, sabiendo que no había modo de que pudiese ganarle.

Un día nos topamos en un puesto de hamburguesas. Traté de irme rápido, pero él se interpuso en mi camino.

"Encontrémonos mañana en la mañana en la playa de estacionamiento", dijo.

"Ahí estaré", le prometí. Entonces, cuando se dio vuelta para irse, lo golpeé con tanta fuerza sobre el lado derecho de su cara que no pudo abrir sus ojos por al menos diez minutos. Mientras que yacía resistiendo en el piso, caminé alrededor de él y lo pateé en el pecho un par de veces, tan fuerte como pude.

"No voy a poder mañana", dije. "Entonces decidí que me ocuparía hoy".

Yo sabía que no podía vencerlo en una pelea justa, de modo que salté sobre él cuando dio vuelta su espalda.

Ese era el mundo en el que vivía en la escuela secundaria.

Veinte años más tarde, en mi reunión de secundaria, un compañero de clase llevó a un rincón a mi chica para decirle qué clase de estudiante había sido yo.

"Permíteme contarte por qué clase de cosas era famoso", dijo. "Te rompía a golpes, se robaba a tu novia, o hacía las dos cosas".

Mirando en retrospectiva, yo no podría estar más de acuerdo con él. En el momento en que terminé la secundaria, ese era exactamente el tipo de persona que era yo. Y para el momento en que llegué a ese punto en mi revisión, sentía vergüenza de mí mismo. Ahora sabía el dolor que había causado a todos en mi vida. Mientras que mi cuerpo estaba tendido muerto sobre esa camilla, yo estaba reviviendo todos los momentos de mi existencia, incluyendo mis emociones, actitudes y motivaciones.

La profundidad de la emoción que experimenté durante esta revisión de mi vida fue asombrosa. No solo podía experimentar la forma en que tanto yo como la otra persona nos habíamos sentido en el momento del incidente, sino que también podía experimentar los sentimientos de la próxima persona con la que ellos se relacionaban. Yo estaba en una reacción en cadena de emociones, una que dejaba ver cuán profundamente nos afectamos unos a otros. Afortunadamente, no todo era tan malo.

Una vez, por ejemplo, mi tío abuelo y yo estábamos viajando en automóvil por la ruta cuando vimos a un hombre golpeando a una cabra que de algún modo había enredado su cabeza en una cerca. El hombre tenía una rama, y estaba golpeando a la cabra en su parte trasera con todas sus fuerzas, mientras que la cabra balaba de temor y agonía. Detuve el auto y salté por encima de una zanja. Antes de que el hombre pudiese darse vuelta, lo estaba aporreando tan fuerte como podía en la parte de atrás de su cabeza. Solo me detuve cuando mi tío abuelo me apartó. Liberé a la cabra y nosotros partimos, rodeados por una nube de neumático quemado.

Ahora, mientras revivía ese incidente, sentí satisfacción por la humillación que el granjero había sentido y alegría por el alivio que la cabra había experimentado. Sabía que en su propia forma de hacerlo, el animal me había dicho "gracias".

Pero no siempre era amable con los animales. Me vi a mí mismo azotando a un perro con un cinturón. Había descubierto a este perro mordiendo la alfombra de nuestra sala de estar y había perdido los estribos. Me había sacado mi cinturón y le había pegado sin intentar otra forma de disciplina menos agresiva. Reviviendo este incidente, sentí el amor del perro hacia mí y podía ver que no había tenido la intención de hacer lo que estaba haciendo. Sentí pesar y dolor.

Más tarde, mientras pensaba en estas experiencias, me di cuenta de que la gente que golpea a los animales o es cruel con ellos sabrá cómo se sentían esos animales cuando tengan una revisión de sus vidas.

También descubrí que no es tanto lo que haces lo que importa, sino por qué lo haces. Por ejemplo, tener una pelea de puños con alguien sin razón real me dolió mucho más en la revisión de mi vida que tener una con alguien que había buscado pelearse conmigo. Revivir el hecho de lastimar a alguien sólo por diversión es el mayor dolor de todos. Revivir el hecho de lastimar a alguien por una causa en la que crees no es tan doloroso.

Esto se convirtió en algo obvio para mí cuando la revisión de mi vida me llevó de regreso a mis años de trabajo militar y de inteligencia.

En el lapso de lo que deben de haber sido unos pocos segundos, pasé por mi entrenamiento básico, donde aprendí a canalizar mi enojo en mi nuevo rol como soldado de combate. Pasé por entrenamiento especial, mirando y sintiendo que mi carácter era moldeado con el propósito de matar. Era un tiempo de guerra clandestina, y me encontré de nuevo en selvas bochornosas, haciendo lo que más me gustaba hacer, pelear.

Estaba adscrito a una unidad de inteligencia y hacía un poquito de "trabajo de observación", el cual equivalía a poco más que observar los movimientos de las tropas enemigas a través de binoculares. Mi trabajo principal era "planificar y ejecutar la eliminación de políticos y personal militar enemigos". Dicho brevemente, era un asesino.

No operaba solo. Otros dos agentes trabajaban conmigo mientras dábamos una batida a las selvas buscando blancos específicos. Su trabajo era detectar el blanco con un telescopio de alta potencia y verificar que la persona deseada había sido eliminada. Mi trabajo era apretar el gatillo.

Una vez, por ejemplo, fuimos enviados a "bajar" a un coronel que estaba con sus tropas en la selva. Fotografías aéreas nos mostraban dónde estaba escondido este coronel. Nuestro trabajo era recorrer a pie la selva y encontrarlo. Aunque este tipo de ataque llevaba especialmente mucho tiempo, era considerado crucial, ya que el hecho de que el líder fuera matado estando entre sus propias tropas, quebraba la moral del enemigo.

Hallamos al coronel exactamente donde los mapas nos decían que lo encontraríamos. Nos sentamos en silencio a aproximadamente setecientas yardas de su campo, esperando el momento perfecto para "derribarlo".

El momento llegó temprano a la mañana siguiente, cuando las tropas se alinearon para su revisión matutina. Me puse en posición, poniendo el objetivo de mi rifle de francotirador de alta potencia en la cabeza del coronel, que estaba parado delante de los soldados, que nada sospechaban.

"¿Es él?", le pregunté al observador, cuyo trabajo era identificar los blancos con las fotografías que inteligencia nos daba.

"Es él", dijo. "El hombre que está parado justo delante de las tropas es él".

Yo disparé la bala y sentí saltar el rifle. Un instante más tarde vi explotar su cabeza y colapsar su cuerpo delante de las impresionadas tropas.

Eso es lo que vi cuando sucedió en aquel momento.

Durante la revisión de mi vida, experimenté este incidente desde la perspectiva del coronel. No experimenté el dolor que él debe de haber sentido. En cambio, sentí su confusión cuando le volaron la cabeza y su tristeza cuando dejaba su cuerpo y se daba cuenta de que ya no regresaría a casa. Después sentí el resto de la reacción en cadena, los sentimientos de pesar de su familia cuando se dieron cuenta de que se quedaban sin su proveedor.

Volví a vivir todos mis asesinatos de exactamente la misma forma. Me vi a mí mismo matando y después sentí las horribles consecuencias.

Mientras había estado en acción, había visto a mujeres y niños asesinados, pueblos enteros destrozados, por ninguna razón o por razones equivocadas. No había estado involucrado en estas matanzas, pero ahora tenía que experimentarlas nuevamente, desde el punto de vista no del ejecutor, sino del ejecutado.

En una ocasión, por ejemplo, me enviaron a un país a asesinar a un oficial del gobierno que no compartía el "punto de vista americano". Fui con un equipo.

Nuestro propósito era eliminar a este hombre en un pequeño hotel rural en el que se alojaba. Esto sería la declaración sin palabras de que nadie estaba fuera del alcance del gobierno de Estados Unidos.

Nos sentamos en la selva por cuatro días, esperando para hacer un disparo certero contra este oficial, pero siempre estaba rodeado por un séquito de guardaespaldas y secretarios. Finalmente nos rendimos y decidimos otra táctica: tarde a la noche, cuando todos estaban durmiendo, simplemente plantamos explosivos e hicimos volar el hotel.

Esto es exactamente lo que hicimos. Rodeamos el hotel con explosivos de plástico y lo arrasamos al amanecer, y matamos al oficial junto con aproximadamente otras cincuenta personas que estaban alojadas allí. En ese momento me reí y le dije a mi oficial de control que toda esa gente merecía morir porque eran culpables por asociación.

Vi nuevamente este incidente durante mi experiencia cercana a la muerte, pero esta vez me impactaba una ráfaga de emociones e información. Sentía el horror profundo que toda esa gente sintió cuando se dieron cuenta de que sus vidas estaban siendo apagadas. Experimenté el dolor que sintieron sus familias cuando se enteraron de que habían perdido a sus seres queridos de forma tan trágica. En muchos casos incluso sentí la pérdida que su ausencia produciría en generaciones futuras.

En general contribuí a la muerte de docenas de personas, y volver a vivir esas muertes fue difícil. El único aspecto que me aliviaba era que en ese momento yo pensaba que estaba haciendo bien. Estaba matando en nombre de la patria, y esto suavizaba en algo los horrores que había cometido.

Cuando regresé a Estados Unidos después de mi servicio militar, continué trabajando para el gobierno, llevando a cabo operaciones clandestinas. Esto implicaba mayormente el transporte de armas a personas y países amigos de Estados Unidos. En ocasiones incluso me convocaron para que entrenara a esta gente en el fino arte de disparar, o de la demolición.

Ahora, en la revisión de mi vida, estaba forzado a ver la muerte y destrucción que había tenido lugar en el mundo como resultado de mis acciones. "Todos somos un eslabón en la gran cadena de la humanidad", dijo el Ser. "Lo que haces tiene un efecto sobre los otros eslabones de esa cadena".

Muchos ejemplos de este tipo vinieron a mi memoria, pero uno en particular se destacaba. Me vi descargando armas en un país extranjero. Serían usadas para librar una guerra que era apoyada por nuestro país contra la Unión Soviética.

Mi tarea era simplemente trasladar estas armas de un avión a nuestros intereses militares en la zona. Cuando este traslado estaba terminado, yo volvía al avión y partía.

Pero partir no era tan fácil en la revisión de mi vida. Yo me quedaba con las armas y miraba cómo eran distribuidas en un área militar. Después seguía con los fusiles cuando eran usados en el oficio de matar, algunos de ellos mataban a gente inocente y otros a gente no tan inocente. En general, era horrible ser testigo de las consecuencias de mi rol en esa guerra.

Este traslado de armas a este país fue el último trabajo en el que estuve involucrado antes de que me caiga el rayo. Recuerdo ver a niños llorando porque les habían dicho que sus papás estaban muertos, y yo sabía que esas muertes habían sido causadas por las armas que yo había entregado.

Entonces eso fue todo, la revisión se había terminado.

Cuando terminó la revisión, llegué a un punto de reflexión en el cual podía mirar atrás, hacia aquello que recién había vuelto a ver, y llegar a una conclusión. Sentía vergüenza. Me daba cuenta de que había llevado adelante una vida muy egoísta y que rara vez había extendido mi mano para ayudar a alguien. Casi nunca había sonreído como un acto de amor fraterno ni le había dado a nadie ni siquiera un dólar porque estuviera en la miseria y necesitara una ayuda. No, mi vida había sido para mí y para mí solo. No le había dado nada a mi prójimo.

Miré al Ser de Luz y experimenté un profundo sentimiento de pesar y vergüenza. Yo esperaba una reprimenda, alguna clase de sacudida cósmica de mi alma. Había repasado mi vida y lo que había visto era a una persona ciertamente sin valor. ¿Qué merecía yo sino una reprimenda?

Cuando miré al Ser de Luz sentí como si me estuviera tocando: a partir de ese contacto sentí un amor y gozo que solo podrían ser comparados con la compasión sin enjuiciamiento que un abuelo tiene por un nieto. "Quien eres, es la diferencia que marca Dios", dijo el Ser. "Y esa diferencia es amor". No hubo palabras realmente habladas, pero este pensamiento me fue comunicado a través de alguna forma de telepatía. Hasta el día de hoy, no estoy seguro del exacto significado de esta frase críptica. De todos modos eso es lo que se dijo.

Nuevamente se me permitió tener un período de reflexión. ¿Cuánto amor le había dado yo a la gente? ¿Cuánto amor había tomado yo de ellos? Por la revisión que acababa de ver, era claro que por cada buen acto en mi vida, había veinte malos como contrapeso. Si la culpa fuera gorda, yo hubiese pesado quinientas libras.

Cuando el Ser de Luz se apartó, sentí que el peso de

esa culpa se me quitaba. Había sentido el dolor y la angustia de la reflexión, pero de ella había conseguido el conocimiento que podía usar para corregir mi vida. Podía oír el mensaje del Ser en mi cabeza nuevamente, como si fuera a través de telepatía: "Los humanos son seres espirituales poderosos de quienes se espera que creen bondad sobre la tierra. En general no se alcanza esta bondad con acciones audaces, sino por actos simples de amabilidad entre la gente. Son las pequeñas cosas las que cuentan, porque son más espontáneas y muestran quién eres realmente".

Yo estaba eufórico. Ahora sabía el secreto simple para mejorar la humanidad. La suma de amor y buenos sentimientos que tienes al final de tu vida es igual al amor y buenos sentimientos que has generado durante tu vida. Era así de simple.

"Mi vida será mejor ahora que tengo el secreto", le dije al Ser de Luz.

Fue entonces que me di cuenta de que no regresaría. No tenía más vida por vivir. Me había fulminado un rayo. Estaba muerto.

TRES

"Está muerto"

Más tarde supe que la escena en la ambulancia había sido caótica. La comunicación por radio con el hospital continuó contra el telón de fondo de los sollozos de Sandy. El técnico médico continuó sus esfuerzos heroicos a pesar de que el monitor del corazón mostraba que yo era una línea plana.

El conductor de la ambulancia siguió con el pedal a fondo y con las luces intermitentes, porque eso era lo que hacía estuviera el pasajero vivo o muerto.

Los médicos y enfermeros recibieron la ambulancia en la puerta de la sala de emergencias. El equipo médico de emergencia me sacó de la ambulancia y me llevó rodando hasta la sala de emergencias. Con la eficiencia y trabajo de equipo típicos de gente que ha hecho la misma labor cientos de veces, los doctores y enfermeros comenzaron los esfuerzos de resucitación en mi cuerpo. Un doctor se arrastró sobre la camilla y comenzó a presionar sobre mi pecho, mientras una enfermera introducía un tubo de plástico en mi garganta y comenzaba a respirar por él. Otro doctor clavó una larga aguja en mi pecho e inyectó todo el contenido de una jeringa llena de adrenalina.

Sin embargo no había respuesta.

Los doctores seguían intentando. Presionaron paletas eléctricas sobre mi pecho para intentar que, con la descarga, mi corazón volviera a la vida. Más masaje cardíaco hizo saltar mis costillas y las quebró. "¡Vamos, Dannion, vamos!", me gritaba una enfermera en mi oído.

No sucedió nada. La línea en el monitor del corazón todavía seguía plana, y no había ni un solo movimiento en todo mi cuerpo.

"No se pudo", dijo el médico que me atendía. Puso una sábana sobre mi rostro y salió de la sala para sentarse. Una enfermera llamó a la morgue y después me llevó rodando hasta un corredor próximo a un ascensor. Allí permanecería hasta que los encargados de la morgue subieran desde el sótano a buscar mi cuerpo.

Exhausto y con decepción en su rostro, el médico que me había atendido se dirigió a la sala de espera para decirles a Sandy y Tom lo que ellos ya sabían. "No se pudo", dijo. Tanto Sandy como Tom comenzaron a llorar.

Yo no vi nada de esto. Lo supe más tarde de parte de Tom. Como dijo el médico, yo estaba muerto.

La ciudad de cristal

¿Qué sucederá ahora que estoy muerto?, me preguntaba.
¿Adónde iré?

Me quedé mirando al bello Ser de Luz que brillaba delante de mí. Era como una bolsa llena de diamantes que emitieran una relajante luz de amor. Cualquier temor que pudiera haber tenido ante la idea de estar muerto, fue disipado por el amor que emanaba de este Ser que estaba delante de mí. Su perdón era extraordinario. A pesar de la vida horriblemente viciada que acabábamos de presenciar, un profundo y valioso perdón me llegaba desde este Ser. En lugar de dictar un juicio severo, el Ser de Luz era un abogado amigable, que me permitía sentir por mí mismo el dolor y el placer que yo había causado a otros. En lugar de llenarme de vergüenza y angustia, yo estaba bañado por el amor que me abrazaba a través de la luz, y no tenía que dar nada a cambio.

Pero yo estaba muerto. ¿Qué sucedería ahora? Puse mi confianza en el Ser de Luz.

Comenzamos a movernos hacia arriba. Podía oír un zumbido mientras mi cuerpo empezaba a vibrar a una mayor frecuencia. Nos movimos hacia arriba desde un nivel hacia el próximo, como un avión subiendo suavemente en el cielo. Estábamos rodeados por una niebla resplandeciente, fría y espesa como la bruma del océano.

Alrededor de nosotros podía ver campos de energía que fluían como grandes ríos, mientras que algunos fluían como pequeños arroyos. Incluso vi lagos y pequeñas charcas de energía (Cuando estuvimos más arriba y más cerca de ellos, pude ver claramente que eran campos de energía, pero desde la distancia parecían ríos y lagos de la forma en que los verías desde un avión).

A través de la niebla, podía ver montañas del color del terciopelo azul profundo. No había picos afilados ni pendientes escarpadas con filos irregulares en esta cadena montañosa. Las montañas eran suaves, con picos redondeados y grietas exuberantes que eran de un azul más profundo.

En las laderas de las montañas había luces. A través de la niebla lucían como casas que encendían sus luces al atardecer. Había muchas de esas luces, y podía darme cuenta por la forma en que caímos abruptamente y aceleramos, que estábamos dirigiéndonos a ellas directamente. Al principio nos movíamos hacia el lado derecho de la cadena montañosa, que era enorme. Después giramos hacia la izquierda y nos movimos con rapidez hacia el lado más corto.

¿Cómo me estoy moviendo?, me preguntaba, mirando alrededor el celestial paisaje que se desplegaba debajo de nosotros. Estábamos flotando de la forma en que siempre imaginé que lo hacen los ángeles, simplemente levantándonos del suelo y volando. Después mi pensamiento tomó un giro filosófico: ¿Me estoy realmente moviendo o es simplemente un viaje por dentro de mi cuerpo muerto? Antes de que aterrizáramos continué preguntándole al Ser dónde estaba y cómo había llegado allí, pero él no me ofrecía ninguna respuesta. Cuando presionaba para recibir alguna respuesta, no obtenía ninguna, pero no me sentía insatisfecho. Cuando yo pensaba más, el Ser se henchía y me proveía de confort en su divinidad. Aun sin obtener las respuestas que deseaba tan desesperadamente, me sentía a gusto por la fuerza que latía alrededor de mi. Dondequiera que esté, no hay nada aquí que pueda lastimarme, me dije. Me relajé en la presencia del Ser.

Como pájaros sin alas, entramos majestuosamente en una ciudad de catedrales. Estas catedrales estaban hechas enteramente de una sustancia cristalina que resplandecía con una luz que brillaba poderosamente desde adentro. Permanecimos parados delante de una. Me sentía pequeño e insignificante frente a esta obra maestra de la arquitectura. Pensé que era claro que había sido construida por ángeles para mostrar la grandiosidad de Dios. Tenía chapiteles tan altos y puntiagudos como los de las maravillosas catedrales de Francia, y paredes tan sólidas e impactantes como las del Templo Mormón en Salt Lake City. Las paredes estaban hechas de grandes ladrillos de vidrio que brillaban desde el interior. Estas estructuras no estaban relacionadas con una religión específica de ningún tipo. Eran un monumento erigido en honor a la gloria de Dios.

Estaba sobrecogido. Este lugar tenía una fuerza que parecía palpitar en el aire. Sabía que estaba en un lugar de aprendizaje. No estaba allí para ser testigo de mi vida o para ver cuán valioso había sido, estaba allí para ser instruido. Miré al Ser de Luz y me pregunté: ¿Esto es el cielo? Pero no recibí respuesta. En lugar de ello, nos movimos hacia delante, hacia arriba, a un paseo espléndido, y atravesamos brillantes portales de cristal.

Cuando entramos en la estructura, el Ser de Luz ya no estaba conmigo. Miré alrededor buscándolo y no vi a nadie. Había hileras de bancos alineados a lo largo de la habitación, y la luz radiante hacía que todo reluciera y se sintiera como el amor.

Me senté en uno de los bancos y recorrí la sala con la mirada buscando a mi guía espiritual. Estar sentado solo en este extraño y glorioso lugar me hacía sentir de algún modo incómodo. No se veía a nadie, y sin embargo yo tenía una intensa sensación de que los bancos estaban llenos de gente exactamente como yo, seres espirituales que estábamos allí por primera vez, desconcertados por lo que podíamos ver. Miré a mi alrededor nuevamente, primero hacia mi izquierda y luego a mi derecha, pero seguía sin poder ver a nadie. Hay seres ahí, me dije a mí mismo. Sé que los hay. Continué mirando alrededor, pero aún no se materializaban.

Este lugar me hacía recordar a una sala de conferencias magnífica. Los bancos estaban ubicados de tal forma que cualquier persona que se sentara en ellos vería de frente un largo estrado que resplandecía como cuarzo blanco. La pared que estaba detrás de este estrado era un carrusel de colores espectacular, colores que iban desde los pasteles a los fosforescentes brillantes. Su belleza era hipnótica. Miraba cómo se combinaban armónicamente los colores y se fundían, hinchándose y palpitando de la forma en que lo hace el océano cuando estás bien adentro en el mar y miras sus profundidades.

Estaba en lo cierto al pensar que había espíritus rodeándome, pero ahora sabía por qué no podían verse. Si hubiésemos podido vernos unos a otros, no habríamos prestado una atención total al estrado que estaba en el frente de la sala. Algo va a suceder allí arriba, pensé.

Un momento después, el espacio que estaba detrás del estrado se llenó de Seres de Luz. Estaban frente a los bancos en los que estaba sentado yo, e irradiaban un brillo que era a la vez bondadoso y sabio.

Me volví a sentar en el banco y esperé. Lo que sucedió a continuación fue la parte más asombrosa de mi viaje espiritual.

CINCO

Las cajas de conocimiento

Pude contar a los Seres mientras estaban parados detrás del estrado. Había trece de pie, hombro con hombro y desplegados a lo largo del escenario. Me daba cuenta de otras cosas acerca de ellos también, probablemente a través de alguna forma de telepatía. Cada uno de ellos representaba una de las distintas características emocionales y psicológicas que todos los seres humanos poseemos. Por ejemplo, uno de estos seres era intenso y apasionado, mientras que otro era artístico y emocional. Uno era audaz y enérgico, mientras que otro era posesivo y leal. En términos humanos, era como si cada uno representara a un signo diferente del zodíaco. En términos espirituales, estos seres iban mucho más allá de los signos del zodíaco. Emanaban estas emociones de tal forma que yo podía sentirlas.

Ahora más que nunca sé que este era un lugar de aprendizaje. Yo me empaparía en conocimiento, me enseñarían de un modo en que no había aprendido antes.

No habría libros ni memorización. En la presencia de estos Seres de Luz, yo me volvería conocimiento y sabría todo lo que era importante saber. Podía formular cualquier pregunta y saber la respuesta. Era como ser una gota de agua sumergida en el conocimiento del océano, o un haz de luz aprendiendo lo que toda la luz sabe.

Yo sólo tenía que pensar una pregunta para explorar la esencia de la respuesta. En una fracción de segundo comprendí cómo funciona la luz, las formas en que el espíritu es incorporado a la vida física, por qué es posible para la gente pensar y actuar de tantas formas diferentes. Pregunta y percibirás, es el modo en que lo sintetizo.

Estos Seres de Luz eran diferentes del que me recibió cuando recién había muerto. Tenían el mismo brillo azul plateado de ese primer Ser, pero con una luz que brillaba azul intenso desde dentro de ellos. Este color llevaba consigo una sensación poderosa de divinidad y parecía provenir de la misma fuente de la que provienen los rasgos como el heroísmo. No he vuelto a ver ese color desde aquella oportunidad, pero parecía significar que estos Seres estaban entre los más grandiosos de su tipo. Me sentí tan sobrecogido y orgulloso de estar en su presencia como lo estaría al pararme junto a Juana de Arco o George Washington.

Los Seres se acercaban a mí de a uno por vez. A medida que cada uno se aproximaba, una caja del tamaño de una cinta de video salía de su pecho y se acercaba volando directo a mi cara.

La primera vez que sucedió esto, me estremecí pensando que me iba a pegar. Pero un instante antes de que impactara, la caja se abrió y reveló lo que parecía ser una imagen televisiva diminuta de un evento del mundo que todavía estaba por suceder. Mientras miraba, me sentí arrastrado directamente hacia dentro de la imagen, en la que podía vivir el evento. Esto sucedió doce veces, y doce veces estuve parado en el medio de muchos eventos que sacudirían el mundo en el futuro.

En ese momento yo no sabía que eran eventos futuros. Todo lo que sabía era que estaba viendo cosas de gran significado y que se me presentaban tan claramente como los programas de noticias de cada noche, con una gran diferencia: yo era arrastrado dentro de la pantalla.

Mucho más tarde, cuando regresé a la vida, escribí 117 eventos de los que había sido testigo en las cajas. Durante los próximos tres años, nada sucedió. Luego, en 1978, eventos que había visto en las cajas comenzaron a volverse realidad. En los dieciocho años que han transcurrido desde que morí y fui a ese lugar, noventa y cinco de estos eventos han tenido lugar.

Ese día, 17 de septiembre de 1975, el futuro llegó a mí de a una caja por vez.

CAJAS UNO A TRES:
IMÁGENES DE UN PAÍS DESMORALIZADO

Las cajas uno, dos y tres mostraban el clima de Estados Unidos en el período que siguió a la guerra en el sudeste asiático. Revelaban escenas de pobreza espiritual en nuestro país que eran consecuencias colaterales de esa guerra, que debilitó la estructura de Estados Unidos y finalmente del mundo.

Las escenas eran de prisioneros de guerra, míseros y consumidos por el hambre, mientras esperaban en tremendas prisiones del norte de Vietnam, a que embajadores estadounidenses vinieran y los liberaran. Podía sentir su miedo y luego su desesperación cuando se daban cuenta uno a uno de que no vendría ninguna ayuda y de que vivirían el resto de sus vidas como esclavos en prisiones en la selva. Eran los desaparecidos en acción (MIA: Missing In Action, por sus siglas en inglés). Los MIA eran ya un tema en 1975, pero eran usados como punto de partida en las visiones para mostrar un Estados Unidos que estaba deslizándose hacia un descenso espiritual.

Podía ver a Estados Unidos cayendo en enormes deudas. Esto se me mostraba como escenas de dinero que salía de una habitación con mucha mayor rapidez que el dinero que entraba. A través de alguna especie de telepatía me daba cuenta de que este dinero representaba el incremento de la deuda nacional y que esto auguraba peligros más adelante en el tiempo. También vi gente esperando en largas filas para recibir cosas básicas como ropa y alimento.

Muchas escenas de hambre espiritual vinieron de las primeras dos cajas también. Vi gente que era transparente de tal modo que revelaba que eran huecos. Esta vacuidad, se me explicó telepáticamente, era causada por una pérdida de fe en Estados Unidos y en lo que representaba. La guerra en el sudeste asiático se había combinado con inflación y desconfianza en nuestro gobierno, para crear un vacío espiritual. Este vacío aumentaba por nuestra pérdida del amor a Dios.

Esta depravación espiritual tenía como consecuencia una cantidad de imágenes impactantes: gente causando disturbios y saqueando porque quería más cosas materiales de las que tenía, chicos disparando a otros chicos con rifles de alta potencia, criminales robando autos, hombres jóvenes abriendo fuego contra otros hombres jóvenes desde la ventanilla de sus autos. Escenas como éstas aparecían delante de mí como escenas de una película de gángsters.

La mayor parte de los criminales eran niños o adolescentes por quienes nadie se preocupaba. Mientras miraba imagen tras imagen, se hizo dolorosamente claro para mí que estos chicos no tenían grupo familiar y que, como consecuencia, actuaban como lobos.

Estaba confundido porque no podía entender cómo los chicos estadounidenses podían ser abandonados a deambular y matar. ¿No tenían la guía de sus padres?, me preguntaba. ¿Cómo podía suceder una cosa así en nuestro país?

En la tercera caja me encontré a mí mismo frente al sello del presidente de Estados Unidos. No sé dónde estaba, pero vi las iniciales "RR" estampadas debajo de este sello. Después yo estaba parado en el medio de periódicos, mirando sus historietas editoriales. Una detrás de otra vi historietas de un *cowboy*. Estaba cabalgando por la pradera o derribando a tiros a muchachos malos en los salones. La visión estaba adornada con ilustraciones satíricas de periódicos de todo el país, tales como *The Boston Globe*, el *Chicago Tribune* y *Los Angeles Times*. Las fechas de los periódicos iban desde 1983 a 1987 y quedaba claro, por la naturaleza de los dibujos, que eran sobre el presidente de Estados Unidos, que proyectaba al resto del mundo una imagen de *cowboy*.

También resultaba claro que el hombre en estos dibujos era un actor, porque todos tenían una mirada teatral. Una de estas historietas incluso hacía referencia a *Butch Cassidy and the Sundance Kid*, y representaba la famosa escena en esa película en la que los dos bandidos saltan desde un acantilado a una laguna de aguas poco profundas. Con todo, a pesar de la intensidad de los recortes de los periódicos, yo no podía ver el rostro que estaba bajo el sombrero de *cowboy*. Ahora sé que "RR" significaba Ronald Reagan, pero en ese momento no tenía idea de quién era el *cowboy*. Unos pocos meses después, cuando estaba recordando estas visiones para el Dr. Raymond Moody, el reconocido psiquiatra e investigador de las experiencias cercanas a la muerte, él me preguntó quién pensaba yo que era "RR". Sin dudar, le dije "Robert Redford". Nunca me permitirá olvidarme de ese error y se ríe de mí sobre esto cada vez que estamos juntos.

CAJAS CUATRO Y CINCO:
LUCHAS Y ODIO EN TIERRAS SANTAS

Las cajas cuatro y cinco eran escenas de Medio Oriente, y mostraban cómo esta zona de eternos conflictos alcanzaría un punto de ebullición. La religión jugaría un rol importante en estos problemas, como también lo haría la economía. Una necesidad constante de dinero de afuera alentaba mucho del enojo y odio que vi en estas cajas.

En la primera de estas cajas vi que se llegaba a dos acuerdos.

En el primero, los israelíes y los árabes llegaban a un acuerdo en algo, pero los detalles no estaban claros para mí.

Podía ver el segundo acuerdo con algún detalle. Los hombres se estaban dando la mano y se hablaba mucho acerca de un nuevo país. Después vi un *collage* de imágenes: el río Jordán, un asentamiento de Israel que se expandía hacia Jordania, y un mapa en el que el país Jordania estaba cambiando de color. Mientras miraba desplegarse este desconcertante *collage*, oí a un Ser hablarme telepáticamente y decirme que el país de Jordania ya no existiría. No oí el nombre del nuevo país.

Este acuerdo no era más que una fachada de los israelíes para crear una fuerza policial compuesta de israelíes y árabes. Se trataba de una fuerza policial muy dura, cruel e implacable. Los vi luciendo uniformes azules y plateados y manteniendo muy controlada a la gente de la región. Tan duro era su control, en realidad, que los líderes del mundo se volvieron muy críticos de Israel. Muchos colaboradores de ambos lados vigilaron a su propia gente e informaron sobre sus actividades a esta fuerza policial. Servían para hacer que todos parecieran sospechosos, haciendo que la confianza desapareciera en estas sociedades.

Pude ver cómo Israel comenzaba a aislarse del resto
del mundo. A medida que las cosas empeoraban, había
imágenes de Israel preparándose para la guerra contra
otros países, incluyendo a Rusia y al consorcio chino y
árabe. Jerusalén era de algún modo el ojo de este conflicto, pero no estoy seguro de qué modo exactamente. A
partir de los titulares de los diarios que aparecían en la
visión, podía ver que algún incidente en la Ciudad Santa
había servido para disparar esta guerra.

Estas visiones revelaban que Israel era espiritualmente hueco. Tenía la sensación de que era un país de
gobierno fuerte pero moral débil. Llegaban imágenes
tras imágenes de israelíes reaccionando con odio hacia
los palestinos y otros árabes, y en mí se profundizaba la
sensación de que este pueblo convertido en nación se
había olvidado de Dios y ahora era manejado por su
odio racial.

La quinta caja mostraba que el petróleo era usado
como un arma para controlar la economía internacional.
Vi imágenes de La Meca y después de la gente árabe.
Mientras estas imágenes desfilaban delante de mí, una
voz telepática me decía que la producción de petróleo
estaba siendo cortada para destruir la economía de Estados Unidos y para extraer dinero de la economía mundial. El precio del petróleo estaba subiendo y subiendo,
dijo la voz, y Arabia Saudita estaba celebrando una
alianza con Siria y China. Podía ver a la gente árabe y
oriental estrechando sus manos y haciendo acuerdos.
Cuando estas imágenes me llegaron, pude sentir que los
saudíes estaban dando dinero a los países asiáticos como

Corea del Norte, todo con la esperanza de desestabilizar la economía de la región asiática.

Me preguntaba dónde había comenzado esta alianza y pude ver un primer plano de sirios y chinos firmando papeles y estrechando sus manos en un edificio que yo sabía que estaba en Siria. La fecha que se veía era 1992.

Otra fecha me fue mostrada, 1993, y con ella vinieron imágenes de científicos sirios y chinos trabajando en laboratorios para desarrollar misiles que pudieran llevar armas químicas y biológicas. Las armas nucleares se estaban volviendo cosas del pasado, y estos países querían desarrollar nuevas armas de destrucción.

Las cajas seguían viniendo.

CAJA SEIS:
IMÁGENES DE DESTRUCCIÓN NUCLEAR

La número seis era aterradora. Fui arrastrado hacia dentro de la caja y me encontré a mí mismo en una zona fría y boscosa al lado de un río.

Cerca del río había una estructura inmensa de cemento, cuadrada y que causaba aprensión. Me sentía asustado y no sabía por qué. De repente la tierra tembló y la parte superior de esta estructura de cemento explotó. Sabía que era una explosión nuclear y podía sentir a cientos de personas muriendo alrededor de mí cuando esto sucedió. El año 1986 me llegó a través de telepatía, como también lo hizo la palabra altamisa. No fue sino una década más tarde que la planta nuclear de Chernobyl explotó cerca de Kiev, en la Unión Soviética, y yo pude asociar el evento con estas imágenes. Fue entonces que hice otra conexión entre la visión de esta caja y el desastre nuclear en la Unión Soviética. La palabra Chernobyl significa "altamisa" en ruso.

Un segundo accidente nuclear apareció en la caja, éste en un mar del norte, tan contaminado que ningún barco navegaba por él. El agua era de un color rojo pálido y estaba cubierto de peces muertos o muriendo. Alrededor del agua había picos y valles que me hacían pensar que estaba viendo un fiordo como los que hay en Noruega. No podía darme cuenta de dónde era, pero sabía que el mundo estaba atemorizado por lo que había sucedido, porque la radiación de este accidente podía esparcirse por todos lados y afectar a toda la humanidad. La fecha de la imagen era 1995.

La visión no se detuvo allí. La gente moría y estaba deformada como resultado de estas catástrofes nucleares. En una serie de lo que parecían imágenes televisivas, vi víctimas de cáncer y bebés malformados en Rusia, Noruega, Suecia y Finlandia, no cientos o miles de personas, sino decenas de miles, en una amplia variedad de deformidades que continuaban a través de las generaciones. Los venenos liberados por estos accidentes eran acarreados al resto del mundo a través del agua, que estaba contaminada para siempre por estos desechos nucleares. El Ser me dejó ver claramente que los humanos habían creado un horrible poder que no había sido contenido. Al dejar que este poder escapara de su control, los soviéticos habían destrozado su propio país y posiblemente el mundo.

La caja me mostraba que el corazón de la gente albergaba temor como producto de estos accidentes nucleares. A medida que las imágenes de este temor se desplegaban, yo, de algún modo, comprendía que el ecologismo surgiría como la nueva religión en el mundo. La gente consideraría que un medio ambiente limpio es clave para la salvación con más convicción que nunca antes. Aparecerían partidos políticos relacionados con el tema de un planeta más limpio, y se forjarían o perderían trayectorias políticas de acuerdo a los sentimientos sobre el medio ambiente.

A partir de Chernobyl y de este segundo accidente, podía ver que la Unión Soviética se debilitaría y moriría, el pueblo soviético perdería fe en su gobierno y el gobierno perdería su control sobre el pueblo.

La economía jugaba un rol muy importante en estas visiones. Vi a la gente llevando carteras llenas de dinero a las tiendas y saliendo con pequeñas bolsas de mercadería. Personas con uniformes militares rondaban por las calles de las ciudades soviéticas mendigando alimento, algunas a punto de morir de hambre. La gente comía papas y manzanas en mal estado, y multitudes producían disturbios para llegar a camiones llenos de alimento.

La palabra *Georgia* aparecía en escritura cirílica, y podía ver que una mafia se desarrollaba en Moscú, que supongo venía del Estado de Georgia en la Unión Soviética. Esta mafia era un poder creciente que competía con el gobierno soviético. Escena tras escena, vi a los miembros de la mafia operando libremente en una ciudad que pienso era Moscú.

No sentía alegría mientras miraba el colapso de la Unión Soviética. Aunque el comunismo al estilo soviético estaba muriendo delante de mis ojos, el Ser de Luz decía que era un momento de precaución en lugar glorioso. "Mira con cuidado la Unión Soviética", dijo, "Como le va al pueblo ruso, así le va al mundo. Lo que le sucede a Rusia es la base para todo lo que le sucederá a la economía del mundo libre".

CAJA SIETE:
LA RELIGIÓN ECOLÓGICA

La séptima caja mostraba poderosas imágenes de destrucción ambiental. Podía ver zonas del mundo irradiando energía, brillando como una esfera de reloj de radio en la oscuridad. Telepáticamente podía oír voces hablando de la necesidad de limpiar el medio ambiente.

Estas voces provenían de Rusia primero, pero después los acentos cambiaban y me daba cuenta de que provenían de Sudamérica, probablemente de Uruguay o Paraguay.

Vi a la persona que desde Rusia hablaba con fervor sobre la necesidad de cuidar el medio ambiente. La gente se congregaba a su alrededor rápidamente, y pronto se convirtió en alguien tan poderoso que fue elegido como uno de los líderes de las Naciones Unidas. Vi a este ruso montando un caballo blanco, y sabía que su crecimiento se daría antes del año 2000.

CAJAS OCHO Y NUEVE:
CHINA LUCHA CONTRA RUSIA

En las cajas ocho y nueve se veía el enojo creciente de China contra la Unión Soviética. Cuando estas visiones tuvieron lugar en 1975, no sabía que la Unión Soviética se desintegraría. Ahora pienso que la tensión que vi en esa visión era el resultado de la muerte del comunismo soviético, que dejó a los chinos como los líderes del mundo comunista.

En ese momento, las visiones eran un rompecabezas para mí. Vi disputas por fronteras y luchas intensas entre ejércitos soviéticos y chinos. Finalmente, los chinos acumularon sus ejércitos en la frontera y entraron por la fuerza en la región.

La batalla principal fue sobre una línea ferroviaria, que los chinos ocuparon con una intensa lucha. Después penetraron por la fuerza bien adentro de la Unión Soviética, cortando el país por la mitad y adueñándose de los campos de petróleo de Siberia. Vi nieve, sangre y petróleo, y supe que la pérdida de vidas había sido cuantiosa.

CAJAS DIEZ Y ONCE:
TERREMOTOS ECONÓMICOS, TORMENTA
EN EL DESIERTO

Las cajas diez y once llegaron en rápida sucesión. Revelaban escenas del colapso económico del mundo. En términos generales, estas visiones mostraban el mundo en el cambio de siglo en una horrible agitación, tan grande que tenía como consecuencia un nuevo orden internacional que era realmente de feudalismo y de luchas.

En una de las visiones, la gente hacía cola para sacar dinero de los bancos. En otra, los bancos eran cerrados por el gobierno. La voz que acompañaba las visiones me dijo que esto sucedería en los noventa y que sería el comienzo de un conflicto económico que conduciría a la bancarrota de Estados Unidos para el año 2000.

La caja mostraba imágenes con signos de dólares volando mientras que la gente cargaba gasolina y se veía alarmada. Yo sabía que eso significaba que el precio del petróleo estaba disparándose fuera de control.

Vi trece nuevas naciones entrando al mercado mundial en las postrimerías de los noventa. Eran naciones con una capacidad productiva que las ponía en un nivel de competitividad con Estados Unidos. Uno a uno, nuestros mercados europeos comenzaban a hacer negocios con estos países, lo cual hacía aun más lenta nuestra economía. Todo esto conducía a una economía profundamente debilitada.

Pero el fin de Estados Unidos como poder mundial llegaba como visiones de dos horrendos terremotos en los que los edificios se sacudían y caían como los bloques de madera de un niño. Yo sabía que estos temblores sucedían en algún momento antes del fin de siglo, pero no podía precisar dónde sucedería. Recuerdo ver un gran caudal de agua que probablemente fuera un río.

El costo de la reconstrucción de estas ciudades destrozadas sería el desastre final para nuestro gobierno, ahora tan quebrado económicamente que apenas podría mantenerse vivo. La voz en la visión me dijo que así sucedería, mientras que las imágenes de la caja mostraban a los americanos pasando hambre y haciendo cola para conseguir comida.

Al final de la caja diez se veían imágenes de guerra en el desierto, un desfile impactante de poderío militar. Vi ejércitos corriéndose unos a otros en el desierto, con grandes nubes de polvo levantándose al paso de los tanques que cruzaban el estéril suelo. Había fuego de cañón y explosiones que parecían relámpagos. La tierra se sacudía y después había silencio. Como un pájaro, yo volaba sobre grandes superficies de tierra ocupada por equipamiento militar destruido.

Cuando estaba abandonando la caja, la fecha 1990 vino a mi cabeza. Ese año fue el de la Tormenta del Desierto, la operación militar que aplastó al ejército de Irak por ocupar Kuwait.

La caja once comenzó con Irán e Irak en posesión de armas nucleares y químicas. Incluido en este arsenal había un submarino cargado con misiles nucleares. El año, dijo una voz en la visión, era 1993.

Vi a este submarino surcando a toda velocidad las aguas de Medio Oriente, piloteado por gente que reconocía como iraníes. Me daba cuenta de que su propósito era detener un embarque de petróleo desde el Medio Oriente. Alababan tanto a Dios en su discurso que tuve la impresión de que ésa era alguna clase de misión religiosa.

Los misiles que ocupaban el desierto del Medio Oriente estaban equipados con ojivas químicas. No sé a qué lugar estaban destinados pero sí sé que había temor en todo el mundo por las intenciones de las naciones árabes que los tenían.

La guerra química jugaba un rol en una horrible visión de terrorismo que tiene lugar en Francia antes del año 2000. Comienza cuando los franceses publican un libro que enfurece al mundo árabe. No sé el título de este libro, pero el resultado de su publicación es un ataque químico de parte de los árabes en una ciudad en Francia. Un químico es vertido en la provisión de agua y miles de personas la beben y mueren antes de que pueda ser eliminado.

En una visión breve vi a los egipcios provocando disturbios en las calles mientras que una voz me decía que en aproximadamente 1997, Egipto colapsaría como democracia y sería dominado por fanáticos religiosos.

Las visiones finales de la caja once eran como muchas de las imágenes que ahora vemos de Sarajevo: ciudades modernas derrumbándose bajo el peso de la guerra, sus habitantes luchando unos con otros por razones que iban desde el racismo hasta el conflicto religioso. Vi muchas ciudades pequeñas de todo el mundo, en las que ciudadanos desesperados comían a sus propios muertos.

En una de tales escenas, europeos de una región accidentada lloraban mientras cocinaban carne humana. En una rápida sucesión vi a gente de las cinco razas comiendo a su prójimo.

CAJA DOCE:
TECNOLOGÍA Y VIRUS

La caja undécima se retiró y yo ya estaba dentro de la caja duodécima. Sus visiones estaban dedicadas a un evento importante en el futuro lejano, la década de los noventa (recuerda, estábamos en 1975), cuando muchos de los grandes cambios tendrían lugar.

En esta caja yo veía cómo un ingeniero en biología del Medio Oriente encontraba una forma de alterar el ADN y crear un virus biológico que sería usado en la fabricación de chips de computadoras. Este descubrimiento permitía enormes avances en ciencia y tecnología. Japón, China y otros países de la costa del Pacífico experimentaban tiempos de prosperidad como resultado de este descubrimiento y se convertían en poderes de increíble magnitud. Los chips de computadoras producidos a partir de este proceso entraban virtualmente en toda forma de tecnología, desde autos y aviones hasta aspiradoras y licuadoras.

Antes de cambiar de siglo, este hombre estaba entre los más ricos del mundo, tan rico que tenía dominio sobre la economía mundial. Sin embargo, el mundo le daba la bienvenida, dado que los chips de computadoras que él había diseñado de algún modo ponían al mundo en estabilidad.

Gradualmente sucumbía a su propio poder. Comenzaba a pensar que era una deidad e insistía en tener un mayor control sobre el mundo. Con ese control extra, comenzaba a dominarlo.

Su método para dominar el mundo era único. A todas las personas se les exigía por ley tener uno de sus chips

de computadoras insertado bajo la piel. Este chip conte-
nía toda la información personal de un individuo. Si una
agencia del gobierno quería saber algo, todo lo que tenía
que hacer era escanear el chip con un artefacto especial.
Al hacer eso, podía descubrir todo sobre la persona,
desde el lugar donde trabajaba y vivía hasta su historia
médica, e incluso qué clase de enfermedades podría pa-
decer en el futuro.

Este chip tenía incluso un lado aun más siniestro. El
tiempo de vida de una persona podía ser limitado pro-
gramando este chip para que se disolviese y matase a esta
persona con la sustancia viral de la que estaba hecho. Los
tiempos de vida estaban controlados de este modo para
evitar el costo que las personas que se van volviendo an-
cianas implica para el gobierno. También era usado
como un medio para eliminar a personas con enfermedades crónicas que significaban una sangría para el sistema médico.

Las personas que se rehusaban a que les implantasen
estos chips en sus cuerpos vagaban como parias. No podían conseguir empleo y se les negaban los servicios del
gobierno.

LAS VISIONES FINALES

En el mismísimo final llegaba una decimotercera visión.
No sé de dónde venía. No vi que un Ser de Luz la acercase
en una caja, ni vi a nadie que se la llevase. Esta visión era
de muchos modos la más importante de todas, porque re-
sumía todo lo que había visto en las doce cajas anteriores.

A través de telepatía podía oír al Ser diciendo: "Si actúas según lo que se te ha enseñado y sigues viviendo del mismo modo en que has vivido los últimos treinta años, todo esto seguramente se te vendrá encima. Si cambias, puedes evitar la guerra que se avecina".

Escenas de una horrible guerra mundial acompañaban este mensaje. Cuando las visiones aparecían en la pantalla, el Ser me dijo que los años 1994 a 1996 eran críticos en la determinación del comienzo de la guerra. "Si sigues este dogma, el mundo para el año 2004 no será el mismo que conoces ahora", dijo el Ser. "Pero todavía puede ser cambiado y puedes ayudar a cambiarlo".

Escenas de la Tercera Guerra Mundial cobraban vida delante de mí. Yo estaba en cientos de lugares al mismo tiempo, desde desiertos a bosques, y veía un mundo lleno de luchas y caos. De algún modo era claro que ésta era la guerra final, un Armagedón si quieres, causado por el temor. En una de las más desconcertantes visiones, vi a un ejército de mujeres con togas y velos negros marchando a través de una ciudad europea.

"El temor que estas personas están sintiendo es innecesario", dijo el Ser de Luz. "Pero es un temor tan grande que los humanos renunciarán a todas sus libertades en nombre de la seguridad".

También vi escenas que no eran de guerra, sino visiones de desastres naturales. En algunas partes del mundo que alguna vez habían sido fértiles para el trigo y el maíz, vi campos agotados, resecos y con surcos, que los granjeros habían renunciado a intentar trabajar. En otras partes del mundo, torrenciales tormentas de lluvia habían arrancado la tierra, carcomiendo la capa superior del suelo y creando ríos de barro espeso y oscuro.

La gente moría de hambre en esta visión. Mendigaban comida en las calles, alargando cuencos y tazas e incluso sus manos, con la esperanza de que alguien les ofreciera un resto de algo para comer. En algunas de estas imágenes, algunas personas se habían dado por vencidas o estaban demasiado débiles como para mendigar y estaban acurrucadas en el suelo esperando el regalo de la muerte.

Vi guerras civiles estallando en América Central y Sudamérica y el nacimiento de gobiernos socialistas en todos estos países antes del año 2000. Cuando estas guerras se intensificaban, millones de refugiados pasaban a raudales a través de la frontera de Estados Unidos, buscando una nueva vida en Norteamérica. Nada de lo que hiciéramos podía detener a estos inmigrantes. Eran impulsados por el temor a la muerte y la pérdida de confianza en Dios.

Vi a millones de personas que se dirigían en torrentes hacia el norte desde Nicaragua y El Salvador, y más millones que cruzaban el Río Grande y entraban en Texas. Había tantos inmigrantes que teníamos que llenar la frontera de tropas y obligarlos a volver a cruzar el río.

La economía mejicana estaba en ruinas por estos refugiados y colapsaba bajo la presión.

Cuando estas visiones terminaron, me di cuenta, con total sorpresa, de que estos Seres estaban tratando desesperadamente de ayudarnos, no porque fuéramos tan buenos muchachos, sino porque si nosotros no avanzábamos espiritualmente aquí en la Tierra, ellos no podían ser exitosos en su mundo. "Ustedes, los humanos, son realmente los héroes", me dijo un Ser. "Aquellos que van a la Tierra son los héroes y heroínas, porque están haciendo algo que ningún otro ser espiritual tiene el coraje de hacer. Han ido a la Tierra a crear conjuntamente con Dios".

Mientras que cada una de estas cajas se me presentaba, mi mente reflexionaba sobre las mismas preguntas una y otra vez. ¿Por qué me está sucediendo esto? ¿Qué son estas escenas de las cajas y por qué me son mostradas? No sabía qué estaba sucediendo, y a pesar del aparentemente infinito conocimiento que había recibido antes, no podía encontrar las respuestas a estas preguntas. Estaba viendo el futuro y no sabía por qué.

Después de las visiones finales, el decimotercer Ser de Luz respondió mis preguntas. Era más poderoso que los otros, o al menos yo supuse que lo era. Sus colores eran más intensos, y los otros Seres parecían respetarlo. Su personalidad era expresada en su luz y abarcaba todas las emociones de sus Seres amigos.

Sin palabras, me dijo que todo lo que acababa de ver estaba en el futuro, pero no necesariamente grabado en piedra.

"El fluir de los eventos humanos puede cambiarse, pero primero la gente tiene que saber qué son", dijo el Ser. Él me comunicó nuevamente su convicción de que los seres humanos eran maravillosos, poderosos y seres espirituales divinos. "Aquí nosotros consideramos que todo el que va a la Tierra es un gran aventurero", dijo. "Tú tuviste el coraje de ir y expandir tu vida y ocupar tu lugar en la gran aventura que Dios creó, conocida como mundo".

Entonces me dijo cuál era mi propósito en la Tierra. "Tú estás allí para crear capitalismo espiritualista", dijo. "Tienes que comprometerte con este sistema futuro cambiando los procesos de pensamiento de la gente. Muéstrale a la gente cómo confiar en su esencia espiritual en lugar de depositar esa confianza en el gobierno o las iglesias. La religión está bien, pero no dejes que la gente esté totalmente controlada por ella. Los seres humanos son seres espirituales divinos. De todo lo que necesitan darse cuenta es de que el amor es tratar a los otros de la forma en que ellos mismos desean ser tratados".

Después el Ser me hizo saber qué se suponía que debía hacer en la Tierra a mi regreso. Debía crear centros a los que la gente pudiera ir a reducir el estrés de sus vidas. A través de la reducción del estrés, dijo el Ser, los humanos llegarán a darse cuenta, "como nosotros lo hacemos", que son seres espirituales superiores. Se volverán menos temerosos y más amables con su prójimo.

Después vi una imagen de siete salas, siendo cada una un paso en el proceso:

- una "sala de terapia" en la que las personas se reunían y hablaban unas con otras.

- una clínica de masaje, en donde las personas no solo recibían masajes sino que también masajeaban a otras.

- una cámara de aislamiento sensorial, que era algún

tipo de cámara que le permitía a la gente relajarse y profundizar en el conocimiento de sí misma.

- una sala equipada con máquinas de biorretroalimentación, que le permitía a la gente ver la extensión hasta la cual podía controlar sus emociones.

- una zona para la lectura que les permitía a aquellos con habilidades de videntes brindar a los pacientes sus consideraciones personales.

- una sala con una cama cuyos componentes musicales relajaban a una persona tan profundamente que podía realmente abandonar su cuerpo.

- un cuarto para el reflejo hecho de acero inoxidable o cobre brillante en el interior y con una forma tal que la persona que estaba dentro no podía ver su propio reflejo (Vi que las paredes estaban hechas de acero inoxidable pulido, pero no comprendí el propósito de este cuarto).

Un octavo componente del proceso era cuando la persona regresaba a la habitación con la cama y estaba conectada nuevamente con los instrumentos de biorretroalimentación. Cuando la persona entraba en un estadio de profunda relajación, era guiada a un reino espiritual. Los instrumentos de retroalimentación la ayudaban a darse cuenta de los sentimientos requeridos para alcanzar esos estados de profunda relajación.

"El propósito de todas estas habitaciones es mostrarle a la gente que puede estar en control total de sus vidas a través de Dios", dijo el Ser.

Ahora sé que cada una de estas habitaciones representaba una forma moderna de un oráculo antiguo, los templos del espíritu y el misterio que eran populares en la antigua Grecia. Por ejemplo, lo que tiene lugar en la cama es similar a la incubación del sueño que tuvo lugar en el Templo de Asclepios. La zona de lectura representa el Templo de Apolo en Delfos, donde la gente solía hablar con los espíritus. La sala para el reflejo es la "Necromanteum" de Efira, donde los antiguos iban a ver apariciones de sus seres queridos que ya habían partido. (No descubrí esto sino muchos años más tarde, cuando el Dr. Raymond Moody, que tiene un doctorado en filosofía además de ser médico, notó la relación entre estas salas y los oráculos).

¿Cómo se suponía que yo construiría estos modernos oráculos? El Ser me dijo que no me preocupase, que los componentes para todas estas habitaciones vendrían a mí, y cuando llegasen, yo los pondría en su lugar. ¿Cómo podía ser? No sabía nada sobre el tema. Sabía un poquito sobre meditación porque solía hacerla cuando practicaba artes marciales de niño. Pero ciertamente no sabía lo suficiente sobre estas cosas como para construir esta clase de complejos. "No te preocupes", dijo el Ser. "Vendrá a ti". El Ser llamó a estos lugares "centros"; me dijo que mi misión sobre la Tierra sería crearlos. Después me dijo que era el momento de regresar a la Tierra.

Yo me resistía. Me gustaba este lugar. Había estado

allí tan poco tiempo, pero ya podía ver que en él era libre para deambular en tantas direcciones que era como tener acceso total al universo. Después de haber estado allí, regresar a la Tierra era como confinarme a vivir en la cabeza de un alfiler. Sin embargo, no tenía opción.

"Esto es lo que te pedimos. Debes regresar a cumplir esta misión", dijo el Ser de Luz.

Y después regresé.

SEIS

El regreso

Dejé la ciudad de cristal desvaneciéndome en una atmósfera que era de un color azul-gris intenso. Era el mismo lugar al que había ido al principio, cuando me cayó el rayo, de modo que lo único que puedo suponer es que era la barrera que cruzamos cuando entramos al mundo espiritual.

Salí de esta atmósfera de espalda. Lentamente, y sin esfuerzo, pude darme vuelta y, al hacerlo, pude ver que estaba flotando en el corredor. Debajo de mí había una camilla con un cuerpo tendido inmóvil, cubierto con una sábana. La persona que estaba debajo de la sábana estaba muerta.

A la vuelta del corredor oí que un ascensor se abría. Vi a dos camilleros en trajes blancos que salían del ascensor y caminaban hacia el hombre muerto. Hablaban como dos muchachos que hubieran salido recién de jugar al billar, y uno de ellos estaba fumando, soplando grandes nubes de humo hacia el cielo raso donde yo estaba flotando. Percibí que estaban allí para llevar ese cuerpo a la morgue.

Antes de que llegaran hasta el hombre muerto, mi amigo Tommy atravesó la puerta y se apostó cerca de la camilla. Fue entonces que me di cuenta que el hombre que estaba debajo de la sábana era yo. Estaba muerto. Era yo —o lo que quedaba de mí— ¡que estaba a punto de ser llevado a la morgue!

Podía sentir la tristeza de Tommy por mi muerte. No podía dejarme ir. Mientras estaba parado allí y miraba fijamente mi cuerpo, yo sentía el amor que me llegaba de él mientras me rogaba que volviera a la vida.

Para entonces, mi familia completa había llegado al hospital, y yo podía sentir sus plegarias también. Mis padres, mi hermano y hermana estaban sentados en la sala de espera con Sandy. No sabían que yo estaba muerto porque al médico se le partía el corazón el tener que decírselos. En cambio, dijo que probablemente yo no sobreviviría mucho más.

El amor realmente puede dar vida, pensé, mientras flotaba en el corredor. El amor puede hacer la diferencia. Mientras me concentraba en Tommy, sentí que me volvía más denso. Un instante después, estaba mirando la sábana desde la cama.

Este regreso a mi cuerpo humano me puso en posesión nuevamente de su dolor. Estaba en llamas otra vez, adolorido y con la agonía de ser quemado desde adentro hacia afuera, como si tuviera ácido en todas mis células. En mis oídos comenzó a sonar un timbre tan alto que pensé que estaba dentro de la torre de un campanario. Mi lengua se había hinchado y llenaba mi boca completamente. En mi cuerpo había líneas azules que se cruzaban, marcando el paso que el rayo había tomado al expandirse desde mi cabeza al piso. No podía verlas, pero podía sentir su ardor.

No podía moverme, lo que representa un mal estado en el que estar cuando los camilleros vienen a buscarte para llevarte a la morgue. Traté de moverme, pero no importaba cuán duro tratase, no podía mover un solo músculo. Finalmente, hice lo único que pude, soplé la sábana.

"¡Está vivo, está vivo!", gritó Tommy.

"Mira, sí", dijo uno de los camilleros. Tiró de la sábana y allí estaba yo, mi lengua colgando fuera de mi boca y mis ojos en blanco. De repente comencé a convulsionar como un epiléptico que tiene un ataque.

El camillero que estaba fumando arrojó su cigarrillo al piso y me empujó de nuevo a la sala de emergencias. "Todavía está vivo", gritó. Los doctores y enfermeras se pusieron en acción de un salto.

Trabajaron en mí por otros treinta minutos. Un médico gritaba órdenes y los enfermeros las seguían. En una rápida sucesión clavaron agujas en mis brazos, mi cuello y mi corazón. Alguien puso las paletas nuevamente en mi pecho, pero no recuerdo haber sentido nada de electricidad, de modo que tal vez solo estaban tratando de monitorear mi frecuencia cardíaca. Alguien puso algo en mi boca. Otra persona mantuvo mis ojos abiertos y los miró con una luz potente. A lo largo de todo esto, yo deseaba estar muerto y regresar a la ciudad de cristal, donde no había dolor y el conocimiento fluía libremente.

Pero no podía regresar. A medida que las medicinas hacían su magia, comencé a sentir como si realmente estuviese en la sala. No podía ver bien, y las luces brillantes sobre mi cabeza quemaban mis ojos de tal modo que pedía a gritos que las apagasen. Pero yo estaba de regreso en el mundo real para quedarme.

Cuando terminaron en la sala de emergencias, me llevaron en la camilla a una pequeña habitación al costado. Esta habitación tenía una cortina en lugar de una puerta y aparentemente era usada cuando los pacientes estaban listos para ser trasladados desde la sala de emergencias a la unidad de cuidados intensivos.

El doctor me dio una inyección de morfina y yo estaba de repente flotando sobre mi cuerpo de nuevo, mirando hacia abajo mientras Tommy entraba a hurtadillas en la habitación para estar a mi lado. Yo miraba mientras él revisaba los cajones y armarios, confiando en su entrenamiento médico en la Armada para determinar el tipo de trabajo que se hacía en esta habitación.

Varios días después, en una lenta y casi incoherente forma de hablar, le dije a Tommy algo de lo que había sucedido. Después le dije: "Yo te vi hurgando los estantes y cajones en esa habitación. ¿Qué estabas haciendo?". Dado que yo había estado inconsciente por la morfina en ese momento, le impactó que pudiera haber visto lo que él había hecho, y eso lo convenció de que algo realmente extraordinario había ocurrido cuando yo había muerto.

Pero eso vino después. Durante los primeros siete días, yo estuve paralizado. La gente se sentaba conmigo en mi habitación, pero yo no podía abrazarlos. Amigos y familiares me hablaban, pero apenas podía devolverles unas pocas palabras. A veces tenía conciencia de que había gente en la habitación, pero no sabía quiénes eran o por qué estaban allí. A veces ni siquiera me daba cuenta de que eso que estaba en mi habitación eran personas. Y dado que la luz lastimaba tanto mis ojos, necesitaba tener una habitación totalmente oscura, con cortinas que no dejaban pasar nada de luz.

El mundo en el que vivía cuando estaba durmiendo tenía sentido. Si el mundo cuando estaba despierto podía ser considerado "incoherente", tal como lo expresó un médico, entonces mi tiempo de sueño era un modelo de coherencia. Cuando estaba dormido, yo volvía a la ciudad de cristal, y era entrenado para hacer las muchas cosas que la visión requería que hiciera. Mientras dormía me hacían entender sistemas de circuitos electrónicos y reconocer los componentes que necesitaría para hacer la cama.

Estos sueños continuaron por varias horas todos los días, por al menos veinte días. Eran maravillosos. Mi mundo, cuando estaba despierto, estaba lleno de dolor e irritación. Mi mundo, al dormir, estaba lleno de libertad, conocimiento y emoción. Despierto, la gente que me rodeaba simplemente estaba esperando que muriese. Dormido, se me mostraba cómo vivir una vida productiva.

Cuando digo que la gente en el hospital sólo estaba esperando que muriese, no estoy siendo cínico. Nunca tuvieron esperanzas de que yo pudiera sobrevivir, y me consideraban una especie de misterio médico.

Por ejemplo, un equipo de especialistas vino desde la ciudad de Nueva York, solo para examinarme. Uno de

ellos me dijo que nadie que recordase había sobrevivido
a semejante rayo y que él quería examinarme mientras
todavía estuviese vivo. Pasaron tres días en el hospital,
señalándome y pinchándome mientras yo yacía paralizado. Una cosa particularmente horrible que hicieron
fue un examen de almohadilla de alfileres en el que cla-
vaban agujas de siete pulgadas de largo en mis piernas
para ver si yo podía sentir algo. Lo sorprendente fue que
no podía sentir las agujas para nada, aunque veía que me
las insertaban en mis piernas.

Yo estaba aterrorizado. Debo de haber lucido muy
asustado cuando comenzaron con el examen de almohadilla, porque el médico se detuvo justo antes de insertar
la aguja en mi pierna y me miró. No creo que se haya
dado cuenta de que yo sabía lo que estaba sucediendo.
Estaba parado allí con guantes de goma puestos y la
aguja en su mano y dijo: "Buscaremos algún nervio que
esté vivo ahí dentro". Entonces deslizó la aguja dentro de
mi pierna.

Podía ver la mirada de sorpresa en los rostros de los
médicos y enfermeros cada vez que entraban en la habitación y me encontraban todavía vivo. Sé que esperaban
que mi corazón se detuviera o el dolor me matase, y, para
ser sincero, el dolor era tan grande que yo quería morir.
Pero también sabía la verdad: sobreviviría. Mi experiencia en la ciudad de cristal y los sueños que estaba teniendo todas las noches me aseguraban que estaba
condenado a vivir.

Y la palabra "condenado" era una descripción precisa
de cómo me sentía con lo que estaba sucediendo. Estaba

en una constante agonía ahora. A menudo me he preguntado por qué no podía sentir el examen de almohadilla. He llegado a la conclusión de que el dolor en mi cuerpo era tan grande que no podía sentir nada que le fuera hecho desde afuera. Después de todo, ¿cuán doloroso puede ser un pinchazo de aguja para una persona que está quemada desde adentro hacia afuera? El dolor era tan abrumador y yo estaba en tan malas condiciones que no podía imaginarme que me curaría lo suficiente como para tener una vida normal. Esa es la razón por la que me sentía condenado a estar vivo.

Después de ocho días de estar tendido sobre mi espalda, hice un descubrimiento. Podía mover mi mano izquierda.

Descubrí esto cuando mi nariz comenzó a picar. El dolor había disminuido y ahora tenía puntos que picaban en todo mi cuerpo y se sentían como si tuviera urticaria. Una de las peores zonas era mi nariz. Me había acostumbrado tanto a estar paralizado que simplemente estaba tendido allí y deseaba que la picazón pasara. No sucedía. Comencé a pensar acerca de rascarme mi nariz cuando me di cuenta de que los dedos de mi mano izquierda se estaban moviendo. Con gran concentración, comencé a levantar mi mano hacia mi rostro. El esfuerzo era como levantar una pesada barra de pesas. Varias veces tuve que detenerme y descansar por el esfuerzo. Finalmente, después de lo que seguramente debe de haber sido una hora, alcancé mi nariz. El punto ya no picaba, pero yo me lo rasqué de todos modos por haberlo logrado. Allí fue que vi que las uñas de mis dedos habían sido quemadas por el rayo y no eran sino cabos negros.

Era el momento de comenzar mi propia rehabilitación.

Había decidido hacer que mi cuerpo funcionara de nuevo, un músculo por vez. Mi hermano me trajo una copia de *Gray's Anatomy* al hospital. Este libro describe el funcionamiento del cuerpo humano, con detalladas explicaciones escritas y un dibujo lineal de cada parte del cuerpo. Mi hermano me hizo un tocado con una percha y un lápiz, de modo que pudiera pasar las hojas con la goma de borrar del lápiz al mover mi cabeza.

Comencé a mirar cada músculo de mi mano, examinando el dibujo en el libro mientras me concentraba en los músculos y trataba de moverlos de a uno por vez. Hora tras hora, miraba el libro y después miraba mi mano, hablándole, maldiciéndola, haciéndola moverse. Cuando la mano izquierda funcionó, hice lo mismo con la mano derecha, y lo mismo con todo mi cuerpo. Los momentos más maravillosos eran cuando podía mover un músculo, aunque éste tuviera el tamaño de un octavo de pulgada. Cuando eso sucedía, sabía que mi cuerpo funcionaría nuevamente.

Algunos días después de comenzar esta forma de terapia, decidí salir de la cama. No tenía esperanzas de caminar, al menos no todavía. Todo lo que quería hacer era salir de la cama y después volver a entrar en ella por mis propias fuerzas.

Tarde a la noche, cuando ya no había enfermeros en mi habitación, giré hasta salir de mi cama y golpeé el suelo con un ruido sordo y doloroso. Después me esforcé por volver a la cama de la que acababa de tirarme. Giré sobre mi estómago y moví lentamente mi trasero en el aire como un gusano. Entonces me prendí de los barrotes de hierro de la cama, de las sábanas, el colchón y cualquier otra cosa de la que pudiese aferrarme. Varias veces caí nuevamente al piso frío. Una vez me quedé dormido del cansancio. Pero para la mañana, yo estaba de vuelta en mi cama.

Dado que los enfermeros controlaban a los pacientes cada cuatro horas, me imagino que mi trepada de regreso debe de haberme tomado al menos ese tiempo. Estaba tan feliz y exhausto como un alpinista que hubiese llegado a la cumbre del monte Everest. Yo sabía que estaba en el camino de regreso.

Con todo, ninguna otra persona pensaba que yo lograría sobrevivir. Los enfermeros tenían miradas de desesperación cuando entraban a verme. Oí decir a médicos en el pasillo que mi corazón estaba demasiado afectado y que yo moriría. Aun mi familia tenía sus dudas. Me veía respirar trabajosamente y luchar para moverme, y pensaba que quedaba muy poco tiempo antes de que muriese. "Oh, Dannion, se te ve muy bien hoy", decían mis amigos, pero la mirada en sus rostros revelaba horror total, como si estuviesen examinando un gato aplastado en la entrada de su casa.

Habría deseado tener una cámara de filmación posicionada al lado de mi cabeza, para grabar las expresiones de la gente mientras trataba de mantener su compostura cuando me veía.

Un día, por ejemplo, mi tía entró en la habitación y se

mantuvo parada a los pies de la cama. Me miró fijamente por un minuto, hasta que se le unió su hija que se paró a su lado.

"Parece Jesús, ¿no es cierto?", dijo mi tía.

"Es verdad", dijo mi prima. "Tiene una especie de brillo, como Jesús debe de haber tenido cuando lo bajaron de la cruz".

Otra vez, un vecino vino a visitarme. Entró en la habitación con una gran sonrisa en su rostro, pero cuando se paró delante de mí y miró hacia abajo, la sonrisa se marchitó en proporción directa al dolor que debe de haber estado sintiendo en su estómago. Verme lo estaba descomponiendo.

"No vomites sobre mí", dije.

Afortunadamente, retrocedió y dejó la habitación.

Una vez un visitante sí vomitó. Me despertó alguien que corría mi cortina y decía: "¡Oh, mi Dios!". Después simplemente se descompuso; se inclinó e hizo arcadas, continuó haciendo arcadas mientras retrocedía y salía de la habitación. Nadie ha admitido haber hecho esto, y todavía no sé quién era.

A través de este espectáculo de horror, yo continué en íntima comunicación con los Seres de Luz. Noche tras noche mis sueños me mostraban mi futuro. Me mostraban circuitos, planes de construcción y partes de los componentes. También me dieron una fecha límite: debía tener el modelo de funcionamiento del centro completo para 1992.

Para el fin de septiembre de 1975, fui dado de alta del hospital. Contra todas las apuestas, había sobrevivido.

Los doctores también pensaban que yo quedaría ciego por la experiencia, pero estaban equivocados. Mis ojos se habían vuelto tan sensibles a la luz que tenía que usar anteojos de protección de soldadores afuera, pero podía ver. Ninguno de los médicos pensó que podría moverme nuevamente, pero en ese momento, solo trece días después de que me cayó el rayo, yo podía salir de la cama arrastrándome y dejarme caer en una silla de ruedas. Me llevó casi treinta minutos hacerlo, pero insistí en hacerlo por mí mismo. También predijeron que mi corazón se detendría en unas pocas horas después del rayo. Pero ahí estaba él, latiendo todavía mientras me llevaban en mi silla por el corredor hasta el auto.

Antes de partir, uno de los doctores me preguntó cómo había sido esta experiencia. Yo fui lento al responder, pero la imagen que vino inmediatamente a mi mente fue la de Juana de Arco.

"Siento que Dios me quemó en la hoguera", dije en forma balbuceante.

Después me llevaron en silla hacia fuera del hospital y me introdujeron en un auto que me estaba esperando.

En casa

Sé que Sandy me pasó a buscar por el hospital porque ella me dijo más tarde que lo había hecho. Imagino que había alguna especie de fanfarria cuando llegué a casa, pero honestamente no recuerdo ningún globo o carteles que dijeran "Bienvenido a casa, Danny". No oí a nadie decir que me habían enviado a casa a morir, pero eso es lo que los médicos habían dicho a mis padres y a Sandy. "Dejemos que vaya a su casa y viva allí sus últimos días", dijo uno de los doctores. "Estará más cómodo ahí".

La verdad es que la mayor parte del tiempo yo no sabía si estaba en el hospital o fuera de él. La vida era muy básica para mí porque los nervios de mi cuerpo estaban fundidos. La realidad me llegaba de a pedazos, como los de un rompecabezas. Conocía a personas y después no las conocía. Sabía dónde estaba y después me asustaba porque de repente estaba en un lugar extraño. Yo era la cáscara de una persona.

Después de haber estado en casa un par de días, por ejemplo, me encontré sentado a la mesa de la cocina charlando con una mujer. Ella sorbía café y hablaba acerca de personas y eventos sobre los que yo no sabía nada. Me gustaba la mujer. Ella en sí tenía una forma familiar y era muy agradable.

"Discúlpeme", la interrumpí. "Pero ¿quién es usted?".

El rostro de la mujer se vio impactado. "¿Por qué, Dannion?, soy tu mamá".

Mi resistencia también estaba terriblemente reducida. Podía estar parado por quizás quince minutos por vez. A veces podía caminar aproximadamente diez pasos, pero después de eso estaba tan exhausto que tenía que dormir por al menos veinte horas.

Cuando estaba dormido, tenía lugar la acción real. Regresaba a la ciudad de cristal, donde concurría a clases dictadas por los Seres de Luz.

Estas visiones no eran las mismas que aquellas de la experiencia cercana a la muerte. Esta vez yo tenía consciencia de mi cuerpo físico y también de una forma diferente de enseñar de los Seres. Cuando estaba en la forma de espíritu, era bañado en conocimiento y solo tenía que pensar sobre algo para comprenderlo. Estas sesiones en un salón de clases eran diferentes en que yo tenía que esforzarme para aprender mis lecciones. El esfuerzo provenía de la forma en que la clase era enseñada. Se me mostraba el equipo que se suponía yo debía construir, pero no se me decía mucho sobre él. En lugar de eso, yo miraba cómo los Seres Espirituales operaban el equipo. Dependía de mí el que aprendiese cómo construirlo a partir de la deducción. Se me mostraron los siete componentes de la cama, por ejemplo, pero no me dijeron sus nombres. Y vi cómo funcionaban las ocho partes de los centros, pero no me dieron un manual técnico que me mostrara cómo integrarlas a todas.

Este método de aprendizaje por observación y deducción hacía que mi misión fuera extremadamente difícil. También me dejaba con algunos acertijos que todavía debo resolver.

En un punto, por ejemplo, me hicieron recorrer una sala de operaciones del futuro. No había escalpelos o instrumentos cortantes en esta sala de operaciones. En cambio, toda la curación era hecha por luces especiales. A los pacientes les daban medicación y los exponían a estas luces, me dijo un Ser que estaba conmigo, y eso cambiaba la vibración de las células dentro del cuerpo. Cada parte del cuerpo tiene su propia frecuencia de vibración, dijo el Ser. Cuando esa frecuencia cambia, se dan ciertas enfermedades. Estas luces hacían volver un órgano enfermo a su adecuada frecuencia vibratoria, curando cualquier enfermedad que lo estuviera aquejando.

Estas visiones médicas me fueron mostradas como visiones de un futuro lejano. No se relacionaban con mi misión de construir los centros de otro modo que el de mostrar los efectos del estrés sobre un organismo humano.

Fui afortunado por tener una vida espiritual tan rica, porque mi vida física era un desquicio. Dos meses después del accidente, dormía mucho menos pero todavía tenía que esforzarme para hacer cosas simples. Solo salir de la cama y llegar a la sala de estar requería la planificación de un viaje muy importante. Por un tiempo, traté de caminar por el corredor, pero perdía el conocimiento constantemente y me despertaba con mi cara aplastada contra el piso. Una mañana salí de la cama y caí al suelo. Me debo de haber golpeado fuerte porque, cuando me desperté, un charco de sangre había salido de mi nariz quebrada. El accidente me aturdió tanto que estuve tendido allí todo el día, hasta que Sandy llegó a casa.

En una mañana típica me despertaba bien pasadas las ocho, después de que Sandy había partido hacia su trabajo. Me llevaba tanto como una hora y media salir de la cama, dado que las largas horas de sueño me habían dejado los músculos adoloridos y entumecidos.

Después de bajarme de la cama en cuatro patas, me arrastraba sobre mi estómago hasta la sala de estar y pasaba mi día sentado en el sofá, demasiado exhausto para moverme. Con frecuencia me hacía en mis pantalones porque estaba demasiado cansado y era demasiado lento como para llegar al baño a tiempo. Cuando comía lo que Sandy me dejaba en la mesa del café, siempre usaba una cuchara. Cuando usaba un tenedor, simplemente no podía encontrar mi boca, e invariablemente me pinchaba en un ojo o en la frente con él. La primera vez que sucedió esto, estaba tratando de comer un pedazo de pollo y me pinché tan fuerte en la frente que me salió sangre. No podía comer nada que fuera tramposo, como arvejas, porque temblaba tanto que se caían de la cuchara al piso.

La mayor parte de los días me sentaba en la sala de estar y no hacía nada. No escuchaba música ni miraba televisión y siempre tenía tanta vergüenza de ser incapaz de recordar los nombres de mis amigos que nos les pedía que viniesen a visitarme.

La mayor parte del tiempo no me importaba estar solo. Cuanto más tiempo pasaba solo, más tiempo tenía para pensar sobre mis visiones. Solo en la sala de estar o en el porche del frente, revisaba una y otra vez el material de las sesiones nocturnas con mis maestros espirituales. Hacía cálculos matemáticos continuamente en mi mente y procesaba la información incluida. A veces bromeaba con que me volvería tan inteligente como para construir una nave espacial.

Era bueno que tuviera un flujo constante de visiones, porque no tenía otra cosa con la que entretenerme. Raramente iba a algún lado, porque el esfuerzo era demasiado grande. Y si lo hacía, corría el riesgo de tener períodos de pérdida de conocimiento. A veces ellos podían ponerme en situaciones ciertamente embarazosas.

La víspera de Año Nuevo, por ejemplo, Sandy y yo fuimos a un restaurante chino para celebrar. Había decidido llegar al restaurante por mis propias fuerzas, y no quería que me llevasen en silla de ruedas. Desde la playa de estacionamiento para minusválidos fui caminando lentamente usando dos bastones. Llamaba a esto "andar como cangrejo" porque lucía como un cangrejo medio muerto, con grandes pinzas, arrastrándose a través de la arena seca.

Me llevó entre diez y veinte minutos entrar al restaurante, y para entonces estaba respirando con mucha dificultad debido al cansancio. Nos permitieron sentarnos inmediatamente, pero yo no podía restablecer mi respiración. Sandy ordenó sopa wantán mientras yo estaba sentado allí jadeando como un perro. Trataba de llevar adelante una conversación con Sandy, aunque podía ver el temor en sus ojos por la angustia que yo estaba experimentando.

El mozo nos trajo dos cuencos de sopa muy caliente a nuestra mesa. Miré hacia abajo a la sopa y entonces, de repente, estaba en ella. Al principio Sandy pensó que era una broma, pero cuando comencé a farfullar y toser, gritó y me sacó la cabeza del cuenco. Salía sopa de mi nariz y corría por el mantel. El mozo me mantuvo erguido en la silla hasta que recuperé la conciencia, y entonces el personal del restaurante me ayudó a volver a subir al auto.

Incluso salir solo tenía sus riesgos. Un día decidí pasar la mañana sentado al sol. "Me arrastré como cangrejo" a través de la casa y salí al patio trasero. Lentamente, me tambaleé hasta una silla que estaba en el medio del patio. Estaba exhausto y empapado en sudor para cuando llegué a ella. Tanteé los apoyabrazos y, como un hombre viejo, comencé a dejarme caer en la silla. La próxima cosa que sé es que estaba tendido con la cara en el pasto. Me había desmayado otra vez y no podía levantarme.

Estuve tendido allí por seis horas, hasta que Sandy llegó a casa para levantarme. En ese período de tiempo traté de encontrar placer examinando el pasto y la tierra.

Tal vez la peor de estas pérdidas de conocimiento sucedió el día en que salí y fui hasta el auto a buscar una revista que había dejado en el asiento de adelante. Extendí mi brazo hasta la puerta, la abrí y colapsé. Cuando me desperté, mi mano estaba atorada en la manija de la puerta y yo estaba colgando de mi mano con mi hombro desencajado. Tuve que estar colgado allí por tres horas hasta que alguien vino a ayudarme.

Para finales de 1975 estaba quebrado. Las cuentas del hospital y la pérdida de ingresos excedían los $100.000 y la deuda crecía cada día que pasaba. Para pagar mis cuentas me vi forzado a vender todo lo que poseía. Todos mis autos se fueron primero: cinco automóviles antiguos en excelentes condiciones, vendidos al más alto postor. Dado que no podía trabajar, tuve que vender mi interés en mi negocio también. La naturaleza del contrato independiente que hice para el gobierno cambió. Yo había trabajado en seguridad, un trabajo que exigía ser discreto y rápido. No había oportunidad para una persona casi ciega que caminaba como un cangrejo lisiado. Ahora estaba confinado a trabajo de oficina. Dejar el trabajo de campo no me molestaba demasiado. Aunque era mucho más emocionante que la vida en la oficina, llevaba consigo muchos malos recuerdos. Como vi en la experiencia cercana a la muerte, yo había hecho muchas cosas para lastimar a gente a través de los años. Después de haber vuelto a vivir esos eventos, no quería ninguno más de ellos para que estropeara mi historial. Como le decía a cualquiera que quisiera escucharme: "Ten cuidado con lo que haces en la vida, porque te tienes que ver a ti mismo haciéndolo nuevamente cuando te mueres. La diferencia es que esa vez tú estás del lado del receptor".

Nos mudamos a otra casa, porque vivir en la vieja servía como un recordatorio constante de la caída del rayo. Tan potentes eran los recuerdos que nunca volví al dormitorio donde cayó el rayo. Insistía en que Sandy mantuviese esa puerta cerrada y yo me resistía a ir a cualquier lugar cercano a él, a pesar de que era el dormitorio más grande de la casa.

Antes de vender la casa, cambié la alfombra de ese dormitorio. Tuve que hacerlo dado que una huella de mis pies había quedado quemada en ella, y eso hubiese disminuido el valor de la casa de la misma forma en que lo hubiera hecho el perfil blanco de una víctima de homicidio. Cuando los obreros levantaron la alfombra, yo estaba sentado en el sofá de la sala de estar. Oí a uno de ellos silbar y al otro decir: "¡Mira eso!". Después, uno de ellos salió con una mueca en su cara y dijo: "Hay líneas negras por todo el piso donde la electricidad serpenteó y encontró los clavos!".

Yo solo tenía un interés superficial en el hecho de estar quebrado. Recibíamos ayuda de mis padres y Sandy tenía un empleo, pero yo había perdido todo lo que alguna vez había tenido por ese rayo. Para el momento en que volví a ser productivo nuevamente, había gastado decenas de miles de dólares en cuentas médicas. No las he pagado todas todavía.

En todo lo que podía pensar era en los centros que el Ser me había revelado. Los centros eran mi destino, eran lo que se suponía que debía hacer. Debía construir estos centros, pero no sabía cómo lo haría.

Hablaba constantemente sobre "los centros" conmigo mismo y con cualquiera que me escuchase, y aun con aquellos que no. Eran el significado de mi vida y tenía que lograr construirlos. Comencé a hablar en detalle acerca de lo que había sucedido cuando estuve muerto, o al menos *trataba* de hablar en detalle. Mucho de lo que decía en esos días era difícil de comprender para la gente. Estaba claro en mi cabeza, pero cuando salía de mi boca, había partes grandes de lo que quería decir que faltaban y lo que decía entonces sonaba como si estuviese hablando tonterías.

De todos modos, continué hablando acerca de la experiencia en total, desde el abandono de mi cuerpo y mi visita al lugar celestial hasta mi visión del futuro en las cajas y el descubrimiento de que yo estaba destinado a construir estos centros. Describía todo esto en detalle porque estaba tan firmemente arraigado en mi cerebro que no había otra forma de explicarlo.

Expliqué los ocho pasos de los centros más cantidad de veces que las que puedo recordar. Le conté a la gente acerca de las cajas y de las visiones del futuro que aportaban. "Estos centros pueden cambiar el futuro", decía. "Pueden reducir el estrés y el temor, que causan tantos de los problemas del mundo".

Cuanto más hablaba, más claro era para mí que la gente se apartaba. Aun Sandy estaba más distante, y francamente no podía culparla. Ella era una hermosa mujer joven con una larga vida por delante. ¿Por qué debería desaprovecharla con un hombre que caminaba como un cangrejo y balbuceaba sobre proyectos divinos de reducción del estrés?

Y mis amigos, muchachos con los que había jugado al fútbol y bebido cerveza por años, me escuchaban ahora hablar como un mesías. Uno de ellos dio en el clavo cuando dijo que yo sonaba como un "fundamentalista retrasado". Así exactamente sonaba yo. Ellos nunca habían oído sobre una experiencia cercana a la muerte, de modo que no tenían ni la más remota idea de lo que había sucedido.

En realidad, yo nunca había oído sobre una experiencia cercana a la muerte. Pero sabía que había un grandioso, poderoso y glorioso Dios, y sabía que el mundo del otro lado era magnífico. En este mundo yo estaba viviendo, respirando y sintiendo el dolor del mundo.

También sabía que a través del amor y de Dios, yo podía encontrar mi camino para salir de ese dolor. Nadie podía decirme que los centros no funcionarían, aun cuando fueran solo una visión en ese momento. Sabía que podrían, porque yo había sido cada una de las personas que podrían ser ayudadas por ellos. No había nada que alguien pudiese decirme sobre dolor. No había nada que alguien me pudiese decir sobre angustia mental. Conocía el dolor y el horror como nadie los conoce.

Y sabía que los centros eran la respuesta para ayudar a la humanidad.

Un día alguien me preguntó por qué no me suicidaba. No puedo recordar quién fue, pero sí recuerdo que le había contado toda la historia tal como la he contado hasta ahora, y esta persona me había dicho: "Dannion, si era tan maravilloso allí arriba, ¿por qué no te matas?".

No me había enojado la pregunta para nada. En realidad, era muy lógica, especialmente porque me pasaba todas mis horas de vigilia alabando las bondades de la vida después de la muerte. ¿Por qué no me mataba?

Hasta ese momento realmente no lo había pensado. Sentado allí en el porche como un zombi, comencé a darme cuenta del cambio que había tenido lugar en mí como resultado de la experiencia cercana a la muerte. Sin importar mi estado, la experiencia me había dado la fortaleza interna para resistir. En mis peores momentos, todo lo que tenía que hacer era recordar el amor que había sentido que emanaba de esas luces celestiales y podía seguir adelante. Sabía que estaría mal quitarme mi propia vida, pero el hecho es que nunca había siquiera pensado en hacerlo. Cuando las cosas se ponían mal, todo lo que tenía que hacer era pensar en el amor de esa luz y las cosas mejoraban.

Cuando digo que las cosas mejoraban, quiero decir que se ponían mejor en algún lugar profundo dentro de mí, en un lugar que me dejaría vivir con esa adversidad. Para el mundo externo, era una historia diferente. Apenas podía caminar y tenía dificultades para ver. Tenía que usar anteojos protectores durante el día y pesaba 155 libras, aproximadamente 70 libras por debajo de mi peso normal. Mi cuerpo se había doblado de modo que lucía como un signo de interrogación. Despotricaba y alababa como un loco religioso, hablando sobre seres espirituales, una ciudad de luz, cajas con visiones del futuro y, por supuesto, los centros.

Sonaba como si estuviese loco, y probablemente debería haber sido enviado a un hospital mental. Podría haberlo estado también, si no hubiese visto un artículo en el periódico que cambió mi vida de nuevo.

OCHO

Una salvación

El artículo no tenía más de cuatro párrafos, pero leer esas palabras cambió mi vida tan absolutamente como lo había hecho el rayo. Decían simplemente:

EL DR. RAYMOND MOODY hablará en la South Carolina University sobre "Qué les sucede a algunas personas que han sido declaradas clínicamente muertas pero sobreviven".

Moody, (en ese entonces) psiquiatra de Georgia, ha estado analizando casos de personas que casi han muerto, para regresar de su roce con la muerte y contar que han visto familiares fallecidos, Seres de Luz, y han tenido una revisión de sus vidas delante de ellos.

Moody llama a este fenómeno "experiencia cercana a la muerte", y dice que puede sucederle a miles de personas que han rozado la muerte.

Estaba entusiasmado. Por primera vez desde que me había caído el rayo, me daba cuenta de que no estaba solo. Después de leer estos pocos párrafos, entendí que otras personas habían atravesado aquel túnel y habían visto a los Seres de Luz también. Incluso había un nombre para lo que había sucedido: experiencia cercana a la muerte.

Miré la fecha de la charla y me di cuenta de que apenas faltaban dos días. Había dejado la casa sólo unas pocas veces desde que había vuelto, y habían sido episodios penosos, pero decidí que debía estar en la presentación del Dr. Moody. Por lo menos, debía hablar con alguien que verdaderamente entendiera por lo que estaba pasando.

Aun cuando el año 1975 no está tan lejos en el tiempo, para los que han pasado por experiencias cercanas a la muerte, es como la prehistoria. Los médicos conocían poco y nada sobre ellas, y usualmente, si algún paciente las mencionaba, las descartaban como si se trataran de malos sueños o alucinaciones. Si alguno de ellos insistía en hablar sobre su experiencia, generalmente se lo derivaba a un psiquiatra. En vez de escuchar y tratar de entender, muchos psiquiatras medicaban a los pacientes que habían experimentado estos eventos espirituales. Sorprendentemente, los clérigos, por lo general, eran de poca ayuda porque consideraban que estos viajes espirituales eran obra del Diablo.

Hay muchas historias que ilustran el pobre manejo de estas experiencias, pero, para mí, una de las más interesantes fue la de un soldado durante la Guerra Coreana, quien casi muere en combate. Tuvo una conmoción cerebral a raíz de una descarga de artillería enemiga, y fue llevado al hospital seriamente herido en la cabeza.

Poco tiempo después de que ocurriera la explosión, dejó su cuerpo y comenzó a moverse sobre el campo de batalla. Se vio a sí mismo rodeado de otros soldados muertos y heridos, y comenzó a sentir pena por sus amigos y también por el enemigo. Luego sintió que se apresuraba en un lugar oscuro, encabezado por una luz brillante. Cuando alcanzó la luz fue "embargado por buenos sentimientos". Vio un repaso de toda su vida, que aun hoy lo deja anonadado por sus detalles tan vívidos. "Fue como una película que estaba siendo mirada por cada sentido en mi cuerpo", dijo. Al final de la revisión le fue dado un mensaje especial. "Simplemente, ama a todos", escuchó decir a una voz en su cabeza. Luego regresó a la vida.

En un par de días comenzó a hablar sobre su experiencia, primero a los médicos y enfermeros, y luego a otros pacientes. El problema fue que habló demasiado. Los médicos, que no sabían nada acerca de las experiencias cercanas a la muerte, lo derivaron a los psiquiatras militares, los cuales tampoco sabían nada al respecto. No mucho después, este excelente soldado con su mensaje espiritual, "simplemente, ama a todos", se encontró en un hospital psiquiátrico.

La ignorancia de los médicos era comprensible. Aunque esas experiencias han sido relatadas en gran número a lo largo de la historia de la humanidad, estos informes han sido publicados en libros de historia o documentos religiosos, pero no así en los manuales de medicina.

Varios episodios en la Biblia, por ejemplo, solo podrían ser experiencias cercanas a la muerte. El discípulo Pablo tuvo una después de ser apedreado hasta casi morir en las puertas de Damasco. Altos líderes religiosos, como papas, han recolectado largamente relatos de miembros de la Iglesia que se han rozado con el mundo espiritual a través de la cercanía con la muerte. El papa Gregorio XIV estaba tan fascinado con estas historias que se reunía con la gente que había vivido estas experiencias cercanas a la muerte.

La Iglesia de Jesucristo de los Santos de los Últimos Días ha recolectado muchas de tales experiencias en la *Journal of Discourses*, una crónica sobre las creencias mormonas, redactada por los miembros del consejo de la iglesia. Las conclusiones a las que arriban se ajustan perfectamente a lo que me sucedió. Ellos creen que más allá de la muerte del cuerpo físico, el espíritu retiene los cinco sentidos de la vista, el tacto, el gusto, el oído y el olfato. Creen que la muerte nos libera de la enfermedad y la discapacidad y que el cuerpo espiritual se puede mover a gran velocidad, ver en muchas direcciones diferentes al mismo tiempo, y comunicarse de modos diferentes a la palabra.

Estimo que estas creencias se derivaron de experiencias personales. Muchos de los miembros del consejo mormón han tenido experiencias cercanas a la muerte o han reunido relatos minuciosos sobre ellas de amigos practicantes. Y sacaron muchas conclusiones acerca de la vida después de la muerte a partir de estas experiencias.

La muerte, por ejemplo, es definida como "un simple cambio de estado o esfera de existencia a otro". Sobre el conocimiento, el libro dice: "Allí, como aquí, todas las cosas serán naturales, y las entenderás como ahora entiendes las cosas naturales". Se ocupan incluso de la luz celestial que yo también vi, y dicen: "El brillo y la gloria de la próxima morada es indescriptible".

Describen la experiencia cercana a la muerte sin usar el término real. "Algunos espíritus que han experimentado la muerte son llamados nuevamente a habitar sus cuerpos físicos", dice el *Journal*. "Estas personas pasan dos veces por la muerte natural o temporal".

Una de estas experiencias fue vivenciada por Jedediah Grant mientras yacía en su lecho de muerte, y se lo contó a su amigo Heber Kimball, quien lo registró para el *Journal*:

ME DIJO, HERMANO HEBER, he estado en el mundo espiritual dos noches consecutivas, y de todos los pavores que pude sentir, el peor fue el tener que retornar a mi cuerpo, aunque debía hacerlo.

Vio a su esposa, fue la primera que vino a recibirlo. Vio a muchos conocidos, pero no conversó con ninguno de ellos sino con su esposa Caroline. Ella se acercó, estaba hermosa y tenía en sus brazos a su hijita, que había fallecido en las llanuras, y dijo, "Señor Grant, aquí está la pequeña Margaret: tú sabes que la comieron los lobos; pero esto no la lastimó, aquí la tienes, está muy bien".

Aun cuando las experiencias cercanas a la muerte han sido relatadas por miles de años, no entraron de lleno en el terreno de la medicina sino hasta los años sesenta, cuando los avances tecnológicos permitieron revivir a muchos pacientes casi muertos. De repente, las personas que habían sufrido ataques al corazón o habían resultado seriamente heridas en accidentes automovilísticos podían salvarse con una combinación de alta tecnología, drogas y habilidad.

Las personas que previamente hubiesen muerto, sobrevivían. Y cuando regresaban a la conciencia total, contaban historias muy similares a las registradas a lo largo de la historia e incluso a aquellas que relataban pacientes que en otras partes del hospital habían estado cerca de la muerte. El problema era que la mayoría de los médicos ignoraba estas experiencias, y derivaban a los pacientes a clérigos o les decían que no podían haber sucedido semejantes cosas. Estos genios de la medicina tecnológica estaban preparados para manejar casi cualquier problema físico que surgiera, pero los asuntos espirituales estaban fuera de su terreno.

El Dr. Moody decidió escuchar estas historias y analizarlas como nadie lo había hecho. Su primera exposición a una experiencia cercana a la muerte apareció en 1965, cuando estudiaba filosofía en la Universidad de Virginia. Allí escuchó al Dr. George Ritchie, un psiquiatra local, contar una experiencia cercana a la muerte extraordinaria, cuando casi murió de neumonía en el ejército. El joven soldado dejó su cuerpo luego de que los médicos lo declararan muerto y descubrió que podía viajar por el campo, con su espíritu volando como un avión a chorro, a poca altura. Cuando regresó al hospital militar en Texas, donde había fallecido, vagó por las instalaciones en busca de su cuerpo. Finalmente pudo encontrarlo, no porque reconociera su rostro, sino porque recordaba el anillo de clase que llevaba en su dedo.

La experiencia de Ritchie resultó tan intrigante para Moody que nunca la olvidó. En 1969 comenzó a hablar de ella en una clase de filosofía que estaba dictando. Luego de una de estas sesiones académicas, se presentó un estudiante y le contó una experiencia que había tenido cuando estuvo a punto de morir. A Moody le sorprendió la similitud con la experiencia de Ritchie. En el curso de los tres años siguientes, escuchó alrededor de ocho casos más.

Moody siguió en la escuela de medicina, pero también continuó recolectando historias reales de personas que sabían que él estaba interesado en las experiencias "después de la vida". Finalmente, escuchó más de 150 relatos.

Moody publicó la mayoría de estas historias en *Life After Life*, un libro que introdujo el campo de la medicina conocido como *estudios sobre cercanía a la muerte*. Este libro representa una gran contribución a la comprensión humana y ha vendido millones de copias en todo el mundo. Los médicos ya no pueden decirle a un paciente que el mundo espiritual que ha visto antes de que lo resuciten ha sido solo un sueño. La investigación de Moody probó que es una experiencia común, una que han tenido muchas personas, si no la mayoría, que sobrevivieron al roce con la muerte.

Moody llamó a estos episodios "experiencias cercanas a la muerte". Además, para definirlos tomó en cuenta todos los casos y buscó aquellos elementos que tenían en común. Encontró quince de estos elementos, pero nadie que los presentara todos, aunque unos pocos llegaron a reunir hasta doce. Desde la publicación de *Life After Life* estos elementos fueron combinados y reducidos a nueve características comunes.

- UNA SENSACIÓN DE ESTAR MUERTO, en la que la persona sabe que está muerta.
- SENTIMIENTOS DE PAZ Y AUSENCIA DE DOLOR, durante los cuales la persona que debería estar sufriendo un dolor considerable encuentra que ya no siente su cuerpo.
- UNA EXPERIENCIA EXTRACORPORAL, en la cual el espíritu o esencia de la persona flota sobre su cuerpo y puede describir acontecimientos que no debería haber sido capaz de ver. Mi suspensión en el aire, sobre Sandy, mirando cómo golpeaba mi pecho, y el retorno a mi cuerpo muerto en el hospital, son dos ejemplos de mi propia experiencia cercana a la muerte.
- UNA EXPERIENCIA DE TÚNEL, en la cual la persona "muerta" tiene la sensación de estar subiendo rápidamente por un túnel. Fue lo que me sucedió mientras iba en la ambulancia cuando, después de ver que estaba muerto, me aventuré hacia un mundo espiritual.
- VER SERES DE LUZ. Los familiares muertos que parecen estar hechos de luz son vistos generalmente al final del túnel. En mi caso, vi a muchas otras personas como yo que estaban compuestas de luz, pero ninguna de ellas era familiar difunto.

- SER RECIBIDO POR UN SER DE LUZ EN PARTICULAR. En mi caso, el guía espiritual se ajustaba a esta descripción. Me guió dentro y fuera del mundo espiritual, e hizo que tuviera un repaso de toda mi vida. La descripción de otras personas incluye ir hasta un lugar, un jardín o bosque, y encontrar allí al Ser de Luz.

- HACER UN REPASO DE LA VIDA, en el cual la persona puede ver toda su vida y evaluar todos sus aspectos, los placenteros y los que no lo fueron. Para mí, esto sucedió a través del contacto con mi guía espiritual.

- UN SENTIMIENTO DE RESISTENCIA A VOLVER. Yo tampoco quería volver. Pero fui forzado a hacerlo por los Seres de Luz y se me dio la misión de construir los centros.

- UNA TRANSFORMACIÓN DE LA PERSONALIDAD, es algo positivo para la mayoría de las personas, ya que dejan de tomar las cosas como naturales y de dar a sus familias por descontadas. Experimenté este tipo de transformación, pero tuve también lo que la mayoría considera una transformación negativa. Me obsesioné por mi experiencia y mi nueva misión sobre la Tierra, que consistía en construir "los centros". Esta obsesión me hizo sentir frustrado, dado que no sabía cómo se suponía que los crearía.

Mientras Moody estaba trabajando en *Life After Life*, nunca había encontrado a alguien que hubiese experimentado todas esas características de las experiencias cercanas a la muerte; puede ser que yo haya sido el primero.

Fui a la universidad donde estaba hablando, vestido con mi atuendo habitual. Debo haber sido una visión para contemplar. Como sabía que la iluminación en algunos de estos eventos suele ser muy brillante, llegué vistiendo mis anteojos protectores. Sobre mis hombros llevaba un impermeable marino, que me llegaba a mitad de pierna. Delante de mí llevaba dos bastones e iba golpeteando el corredor del edificio de la universidad, buscando la sala correcta.

"¡Ese tipo parece una mantis religiosa!", gritó alguien cuando entré en la sala de conferencias. Había alrededor de sesenta personas en la sala, y encontré un asiento en la parte trasera que me evitó caminar hasta el sector de adelante llamando la atención. Me senté y escuché la charla de Moody acerca de mis hermanos y hermanas de alma.

Por entonces él estaba escribiendo *Life After Life*, y su maravillosa voz hablando sobre su investigación cautivó a todos en la sala. Para mí fue especialmente fascinante, dado que había estado allí. ¡No estaba solo! ¡Otros habían estado allí también!

La conferencia del Dr. Moody me energizó. Había sufrido de los nervios a raíz de la presión, y estaba listo para sucumbir. Había perdido todo, no sabía qué camino tomar ni qué hacer, y de repente allí había un salvador, alguien que entendía por lo que estaba pasando. Repentinamente sentí una nueva fortaleza.

Al final de la exposición, Moody se adelantó y preguntó: "¿Hay alguien en esta sala que haya tenido una de estas experiencias?".

Levanté la mano.

"Viví algo así", dije con voz vacilante. "Me fulminó un rayo".

Me sorprendió saber que Moody había leído un articulo periodístico sobre mí y recordaba el incidente. Él recolectaba casos de estudio, y un modo de hacerlo era recortando historias de los diarios sobre personas que hubiesen tenido accidentes casi fatales. Había estado planeando contactarme.

"¿Puedo entrevistarte?", me preguntó.

"Por supuesto", dije. "Al fin tendré alguien con quien hablar que no saldrá huyendo".

La sala entera rió. Todos encontraron graciosa mi frase, salvo el Dr. Moody y yo. Él parecía saber exactamente cómo me sentía. Si alguien hubiera podido ver debajo de mis anteojos protectores, se hubiera dado cuenta de que estaba a punto de llorar. En cambio, comencé a reír. Traté de evitar sacudirme, pero la risa salió tan fuerte que pronto me encontré casi riendo a carcajadas.

"¿Qué te causa gracia?", me preguntó alguien que estaba cerca.

"Si alguien me hubiera contado acerca de una experiencia cercana a la muerte antes de tener la mía, me hubiera reído mucho", dije. "Ahora yo soy uno de ellos".

NUEVE

Volver a empezar

Muchos de sus amigos cercanos describen al Dr. Moody como un cruce entre el Pato Donald y Sigmund Freud. Es a la vez brillante y cómico, un hombre que puede entretejer un buque con las palabras de Platón. Siendo estudiante era tan inteligente que enseñaba en el Medical College de Georgia.

Inmediatamente reconocí el intelecto y el humor de Moody cuando vino a casa la semana siguiente. Llegó a la entrada de autos en un viejo Pontiac azul con dibujos de crayones sobre todas las puertas. Eran figuras de palotes que sus hijos pequeños habían creado, y lucían como ese tipo de dibujos que puede ser visto en las cavernas del hombre prehistórico.

Está manejando el auto de Pedro Picapiedra, pensé mientras espiaba a través de la cortina.

Subió los escalones y golpeó en la puerta mosquitera. Ya me había levantado, pero me llevó unos minutos llegar penosamente hasta la puerta del frente. Moody esperó pacientemente mientras yo caminaba arrastrando los pies y abría la puerta.

Cuando vio la sala de estar, fue amor a primera vista. Yo tenía siete mecedoras, y pronto descubrí que Moody siempre se sienta en una mecedora cuando piensa seriamente.

Él se sentó en una gran silla mecedora de respaldo recto, hecha de roble, mientras yo arrastraba por el cuarto una mecedora giratoria con tapizado y me sentaba frente a su rostro. Allí literalmente nos mecimos por un tiempo, hablando durante ocho horas acerca de lo que me había sucedido y sobre las experiencias cercanas a la muerte en general. *Life After Life* todavía no estaba publicado, pero Moody ya tenía varias ideas nuevas y estaba trabajando en otro libro.

Antes de contarme nada acerca de su otro libro, me entrevistó acerca de mi experiencia. Me explicó que de ese modo nadie podría reclamar que lo que yo tenía para decir había sido influenciado por los descubrimientos que él estaba por publicar.

Me entrevistó de un modo muy llano, haciendo preguntas abiertas y respondiendo de una manera inexpresiva. No mostró ninguna emoción cuando le conté mi experiencia y los acontecimientos que surgieron de ella. Simplemente preguntaba para escuchar más, hasta que no hubo nada más que contar.

El objetivo de este método de entrevista es evitar que el sujeto adorne su historia. Haciendo preguntas abiertas de forma breve y no relacionándolas con otras experiencias cercanas a la muerte, Moody podía estar seguro de que no estaba coloreando mi experiencia con las de otros.

Aunque la forma llana de acercamiento que usaba Moody es la mejor para obtener la verdad, me pareció desconcertante. Estaba acostumbrado a que la gente se quedara boquiabierta y turbada cuando yo contaba lo sucedido. Pero Moody simplemente estaba sentado frente a mí escuchando lo que decía. No mostró ni alarma ni sorpresa cuando le conté sobre las catedrales de luz. "Sí, sí, escuché sobre ellas antes", dijo. Ni siquiera levantó una ceja cuando escuchó sobre los salones del conocimiento.

Le conté sobre la belleza y la gloria del mundo espiritual, y cómo toda la luz en ese lugar era conocimiento. Le conté sobre la creencia de estos espíritus celestiales de que somos "seres espirituales poderosos" que estamos demostrando un gran valor al venir a la Tierra.

Incluso recuerdo algunas palabras exactas que le dije: "Conozco cada cosa del mundo y del universo. Conozco el destino de todo en el mundo, aun de las cosas más simples, como una gota de lluvia. ¿Sabes que no hay en ningún lugar una gota cuyo destino no sea regresar al mar? Eso es lo que estamos tratando de hacer, Moody. Somos simplemente gotas de lluvia que tratamos de volver a la fuente, al lugar del que vinimos.

"Los que venimos aquí somos valientes, porque estamos dispuestos a experimentar en un mundo muy restringido cuando lo comparamos con todo el universo. Los espíritus dicen que todos los que estamos aquí deberíamos tenernos en gran estima".

Le conté sobre las cajas de conocimiento, pero no sobre la información que contenían. A esta altura, iba tan rápido en el relato que me salteaba los detalles.

Después le conté sobre los centros, en particular sobre la cama. Por entonces estaba obsesionado con la cama todo el tiempo, preguntándome dónde conseguiría las partes para ella, preguntándome incluso *cuáles* eran las partes, dado que podía verlas pero no identificarlas realmente.

Le conté a Moody todo y lo hice con tanto furor que debe de haber parecido una diatriba atemorizante, como los delirios de un hombre demente. Sé que era como transmitía mi historia a todos los demás, dado que ellos decían abiertamente que yo sonaba como un loco o simplemente me evitaban como si lo estuviera. Eso no fue lo que sucedió con Moody. Él dejo de mecerse y permaneció erguido, mirándome profundamente a los ojos.

"No estás loco", dijo. "No he escuchado una historia tan detallada como la tuya antes, pero he escuchado otras con los mismos elementos que mencionas. No estás loco. Simplemente has experimentado algo que te ha hecho único. Es como descubrir un nuevo país con gente diferente y tratar de convencer a todos de que tal lugar existe".

Un punto duro dentro de mí se disolvía con lo que él decía, al tiempo que me llenaba de alivio. Me daba cuenta de que encontraría a otros como yo que hubiesen visto este "nuevo país". Sentí un arranque de energía fresca. Supe que iba a recuperarme y que nada me detendría.

Por el resto del día, Moody me contó algunos de los casos de estudio que había sacado a la luz durante su investigación. Estudiar estas experiencias y escribir sobre ellas había provocado un cambio dramático en su vida. Su primer libro aún no se había publicado, pero había aparecido un artículo periodístico sobre su trabajo en el *Atlanta Journal-Constitution*, y las llamadas telefónicas de las personas que habían experimentado una experiencia cercana a la muerte, lo habían abrumado. Esto fue una nueva experiencia para Moody, quien hasta entonces había llevado una vida tranquila, casi académica. "Cuando este libro aparezca, no tendré tiempo para mí", dijo. Le preocupaba esta pérdida de privacidad, en particular con relación a su tiempo de estudio. Si había dos cosas que a Moody le gustaba hacer, supe después, eran leer y pensar.

Después de que se fuera aquel día, hubo un cambio definitivo en mi actitud. Comencé a defenderme. A tratar de no sentir pena por mí mismo. No era sencillo, ya que estaba tan dañado psicológicamente que nunca soñé que podría volver a ser normal. Pero en vez de actuar como si me las hubiese visto con un golpe insuperable, comencé a ver el lado positivo de mi vida, el modo en que me estaba recuperando de las heridas. Por ejemplo, ahora me llevaba alrededor de veinte minutos ir desde el corredor hasta el baño, cuando solo unas semanas atrás usualmente no podía llegar antes de ensuciarme. La luz todavía lastimaba mis ojos, pero cada día un poco menos. El movimiento y la fuerza estaban volviendo a mis manos, y el dolor general causado por las quemaduras del rayo lentamente se iba.

Psicológicamente mejoraba aun más rápido. Mi nivel de quejas y delirios cayó un punto o dos. Todavía ha-

blaba constantemente sobre mi experiencia con cualquiera que me escuchara, pero ya no volví a parecer un
predicador fundamentalista demente. A raíz del enten-
dimiento de Moody y de saber que había muchos otros
como yo, ya no tuve que convencer a nadie de la veraci-
dad de mi experiencia. Comencé a leer la Biblia, estudiando la naturaleza de las visiones que aparecen en las
escrituras. También leí *Life After Life,* cuyo manuscrito
me entregó Moody.

Moody y yo hablábamos casi diariamente ahora. Durante una de nuestras llamadas telefónicas, me recordó
que no le había contado el futuro tal como me había
sido revelado en las cajas. ¿Me molestaría contarle?, me
preguntó. Hicimos una cita para reunirnos.

Un par de noches más tarde, Sandy y yo nos apareci-
mos en la casa de Moody. Nos invitaron a pasar a la sala
de estar, donde Moody nos ofreció a cada uno un re-
fresco. Luego comenzamos a hablar sobre las trece cajas
y lo que revelaban. Le conté sobre la gran guerra que
tendría lugar en los desiertos de Medio Oriente en los
noventa, que destruiría a un importante ejército y cambiaría el carácter de esa parte del mundo. Le dije cómo la
Unión Soviética colapsaría y cómo habría disturbios por
comida y agitación política cuando los soviéticos trataran de encontrar un nuevo sistema político para reemplazar el comunismo. Entonces le dije cómo el mundo se
volvería progresivamente balcánico, con grandes países
partiéndose en pequeños países. Le describí el contenido
de cada caja que los seres espirituales me habían mostrado, tal como lo he hecho en este libro.

Nuestra conversación tuvo lugar a lo largo de varias noches. Moody se sentaba y giraba, a veces tomando notas. También anotaba mucho de lo que yo le decía, asintiendo mientras escuchaba.

Entre los muchos atributos de Moody está el de ser una persona que sabe escuchar. Sabe que a la gente le encanta hablar y que la mejor forma de conocer la verdad sobre alguien es empaparse en todo lo que esa persona está interesada en contarte. De modo que él escuchaba y yo hablaba.

Después le produje un impacto. Le dije que estaríamos juntos el día en que el mundo comenzara a colapsar. Entonces sabríamos, le dije, que todas las visiones que me habían sido mostradas en las cajas, se harían realidad.

"¿Dónde estaremos?", preguntó Moody.

"Estaremos en la Unión Soviética cuando se desmorone", le dije. "Estaremos allí y sabremos por nosotros mismos que todo este asunto es verdad".

"Ya veo", dijo, escribiendo algo en su cuaderno de notas. Podía darme cuenta de que no creía lo que estaba diciendo, y a mí mismo me había dado trabajo creerlo. La Unión Soviética era un país cerrado en los setenta, y era extremadamente difícil conseguir visas de entrada para los ciudadanos americanos. Aún más, mi empleo en áreas sensibles del gobierno de Estados Unidos hacía que fuera muy poco probable que alguna vez tuviera la oportunidad de viajar a ese país bajo ninguna circunstancia que no fuera una visita oficial. Y Moody y su libro estaban prohibidos por los soviéticos, por ser considerados subversivos.

Sin embargo, en la visión de la caja yo estaba en las calles de Moscú con un hombre que no podía identificar, mirando a la gente hacer cola y esperar para comprar alimentos. Mientras estaba sentado con Moody esa noche, tuve la profunda sensación de que el hombre con el que estaría en esa trascendental ocasión era Moody.

Esta escena se volvió realidad. Tengo que contarte ahora que Moody y yo visitamos Moscú en 1992, justo después del colapso del comunismo, y vimos rusos oprimidos haciendo cola alrededor de una manzana, con escasa esperanza de entrar en las tiendas y comprar cualquier alimento que hubiese. Cuando esto sucedió, Moody me miraba sorprendido, ya que recordaba la noche de casi quince años antes. "¡Es esto!", dijo. "¡Esta es la visión que viste en la caja!".

Esos primeros días de visita a Moody son algunos de los mejores que he tenido en mi vida. Sandy y yo solíamos cenar con Moody, su esposa y sus dos hijos. Aunque era acuciado con llamados telefónicos de otros que querían hablar acerca de sus experiencias, a Moody le gustaba especialmente yo.

Debido al tema con el que estaba tratando, Moody se había convertido en la única esperanza de comprensión para mucha gente. Recuerda, casi nadie hablaba sobre estas experiencias en esos días, y cuando lo hacían, eran tratados como chiflados. La gente buscaba a Moody porque era un doctor en medicina que comprendía.

Por teléfono, la gente tenía un tono de súplica en sus voces que hacía aparecer el dolor en el rostro de Moody. Cuando le contaban cómo casi habían muerto, no era poco común que Moody se llevase la mano a la boca y dijera "¡Oh, no!", mientras era visible el impacto que le causaba lo que acababa de oír. A él de verdad le importaban profundamente estas personas y hablaba con ellos como si fuesen miembros de su familia.

Se levantaba de la mesa de la cena para responder a cada uno de estos llamados telefónicos, y nunca le pedía a quien lo había llamado que llamase más tarde.

En esas llamadas yo solo oía el lado de la conversación de Moody, acordonada con comentarios como: "Sí, mucha gente con la que he hablado ha visto a sus familiares muertos al final del túnel", "Dejar tu cuerpo es común durante experiencias cercanas a la muerte".

Oír a Moody hablar con otra gente sobre experiencias cercanas a la muerte era un alivio para mí. Podía ver que esta gente estaba tan perpleja acerca de sus experiencias como yo lo estaba acerca de la mía. Sentía que me relajaba más y más.

A medida que me sentía más a gusto con Moody, le conté más y más acerca de las predicciones del futuro de las que había sido testigo. Como ya he dicho, las contaba en detalle, desde Chernobyl hasta las guerras. No creo que él haya creído que alguna de las visiones se haría realidad, pero al menos las escribía, lo que significó una gran ayuda más tarde cuando las visiones se volvieron realidad.

De mi propia clase

Desde el momento en que *Life After Life* fue publicado al final de 1975, la vida de Moody se volvió un torbellino. Estaba en Charlottesville, trabajando en su residencia en psiquiatría, cuando un aluvión de consultas comenzó a llegar de todas las direcciones. Los medios de comunicación querían entrevistas, las organizaciones y universidades querían que diera conferencias, y, como siempre, la gente simplemente quería hablar. Las exigencias a las que estaba sometido para completar su residencia le impedían a Moody ocuparse directamente de muchas de estas demandas.

Un día, la primera esposa de Moody, Louise, me llamó y me preguntó si le podría dar una mano. Necesitaba un poco de ayuda para armar una agenda con las charlas y entrevistas, una capacidad organizativa para la que no tenía ni tiempo ni paciencia. Ahora era el final de 1976, y yo había mejorado muchísimo. Mis doctores ya no me decían que moriría pronto, aunque sí me decían que el daño que había sufrido mi corazón era un detrimento para mi "supervivencia a largo plazo". Ya no

usaba los anteojos protectores, habían sido reemplaza-
dos por unos anteojos de sol oscuros que usaba sólo
cuando estaba afuera. Ahora podía caminar con un solo
bastón, al menos la mayor parte del tiempo. Y podía
hablar con coherencia y no dispersarme en un balbuceo
desventurado sobre las "ciudades de luz" y mis visiones
del futuro.

No quiero que pienses que me había olvidado de algo
de todo eso. No, mi experiencia cercana a la muerte estaba siempre allí cerca, a aproximadamente dos pulgadas de mi rostro. Solo que ahora era capaz de
controlarme y mencionarla en momentos apropiados.
Moody me ayudó a hacer eso también, diciéndome:
"Deja de pensar que eres Jesucristo y espera a que la
gente te pregunte antes de empezar a darles el sermón
sobre lo que sucedió".

Fui a Charlottesville a darle una mano a Moody. En
algunos casos, Moody no salía de su biblioteca, y este era
uno de ellos. Estaba trabajando duro en su segundo
libro, *Reflections on Life After Life*, y claramente no quería
que lo molestásemos.

Eso hacía que yo tuviese muchas cosas para hacer.
Respondía el teléfono, interceptaba pedidos de entrevistas en los medios y organizaba una agenda de charlas
que hacían que Moody viajara a los rincones más remo-
tos del mundo. Fui a muchos de estos compromisos para
dar charlas también. Quería estar allí para manejar el
negocio, pero además para mí eran oportunidades de
estar rodeado de cientos de personas de mi mismo tipo,
gente que había tenido experiencias cercanas a la muerte

y ahora estaba descubriendo a otra semejante por primera vez.

Ese es un lujo que sorprendentemente pocas personas que han tenido experiencias cercanas a la muerte pueden darse. Aún hoy, cuando la experiencia es bien reconocida, es raro que los "experimentados" se reúnan. En ese entonces, los resultados de estos encuentros eran notables.

Por ejemplo, en un compromiso de charla en Washington, D.C., una mujer se acercó después del discurso de Moody y me contó sobre su experiencia:

CUANDO ERA JOVEN, fuimos a California de vacaciones. Antes de partir, yo había estado teniendo un dolor muy intenso en el lado derecho que simplemente se puso peor a medida que pasaban las vacaciones. Finalmente, mi esposo me llevó al hospital.

El primer médico que me revisó me dijo que mi apéndice estaba a punto de romperse. El segundo médico que me examinó me dijo que el dolor era causado por una infección. El tercero dijo que era un embarazo ectópico. En lo único en que todos estuvieron de acuerdo fue en que debía ser operada inmediatamente.

Cuando me abrieron, encontraron que el primer diagnóstico era el correcto. Mi apéndice había estallado y ahora tenía una infección enorme en toda la zona de mi estómago, de aproximadamente el tamaño de un pequeño melón.

Pasé más de un mes en el hospital, mucho de ese tiempo en coma. En uno de esos días, le dijeron a mi familia que yo iba a morir. Se reunieron a mi alrededor, y parecía que los médicos estaban en lo cierto. Tenía neumonía, mis venas colapsadas y mi respiración estaba fallando.

Podía oír todo lo que estaba sucediendo en la habitación. Podía oír a mi familia llorando y rezando, y a los enfermeros hablando y a los médicos viniendo y yéndose. Era como si yo hubiera estado completamente consciente; simplemente no podía responder.

Después, de repente, ¡despegué! Era como estar en una montaña rusa. Yo me elevaba y ¡sí que era divertido! Cuando nos detuvimos, estaba en un lugar que era tan real como la ciudad en la que estaba antes. Sabía dónde estaba... ¡estaba en el Cielo!

Caminé a través de una pradera de césped verde ondeante hasta que llegué a un ángel. Tenía aproximadamente siete pies de altura. Caminamos juntos y se nos unió otra gente que yo conocía y que también había muerto. Mi tío abuelo estaba allí, y también mi hermano mayor, ambos habían muerto en los últimos diez años más o menos. Estábamos juntos tan naturalmente como si estuviésemos aquí mismo en la tierra.

El ángel y yo subimos a una colina. Él abrió una hermosa puerta y yo pasé adentro y me quedé parada dentro de una luz amarilla muy brillante. No había etiquetas en este lugar. No me preguntaron a qué iglesia pertenecía, simplemente me invitaron a entrar. Entré en una habitación que era absolutamente brillante con mucha luz, y vi lo que consideré que era la Luz del Padre. Era tan brillante que tenía que apartar la vista.

Cuando aparté la vista, pude ver que la luz se reflejaba en un bulevar de cristal que corría por el centro de una ciudad. Vi muchas otras cosas también, pero una de las más interesantes fue que las plegarias estaban entrando a raudales a través de este mundo celestial como rayos de luz. Era hermoso ver en lo que se convierten nuestras plegarias.

Esta mujer se recuperó y comenzó a ponerse bien casi inmediatamente. Salió del coma y empezó a hablar acerca de lo que había visto. Llamaron a su doctor para que viniese al hospital desde su casa. Tenía que afrontar el terriblemente embarazoso momento de "desfirmar" el certificado de muerte que ya había firmado, según lo expresó ella. Cuando llegó, ella estaba muy excitada y comenzó a contarle lo que había visto. Para sorpresa de todos, él no estaba impresionado.

Al final de nuestra conversación, la mujer comenzó a llorar. "Tú sabes", me dijo, "Hablé con mi médico acerca de esto y me dijo: 'Eso es algo que tienes que hablar con tu ministro'. Hablé con mi ministro y él me dijo: 'Tienes que hablar con tu médico acerca de eso'".

Cuando dijo eso, los dos empezamos a reírnos.

Había tantas otras historias. Un hombre en Chicago me contó esta:

YO TUVE LO QUE CREO fue una experiencia extra-corporal cuando me estaban operando para po-nerme un baipás. Los doctores más tarde me dijeron que habían tenido tantos problemas para hacer reaccionar mi corazón que estaban a punto de declararme muerto.

Lo que me sucedió fue una experiencia muy ví-vida. Fui transportado a una gran habitación que brillaba como el oro. Miré alrededor de esa habita-ción y vi miles de rostros, como cuadros todos a mi alrededor. Mi atención se focalizó en uno de estos rostros y me acerqué para mirarlo. Era el rostro más amable que hubiera visto y, dado que siempre he sido una persona religiosa, me gusta pensar que quizás era el Rey David o tal vez el Rey Salomón, pero realmente no sé quién era.

De todos modos, mientras miraba ese rostro, oí un gran coro de miles de voces. Era la música más bella que he oído alguna vez. Me di vuelta y vi un coro de miles de personas realmente cantando esa música.

Esa experiencia fue la confirmación de una vida celes-tial después de la muerte para este hombre, aunque otros la interpretaron de otro modo. "Unos días más tarde le dije a mi tía lo que había sucedido y ella se puso blanca como una sábana", me dijo el hombre. "Dijo, 'No lo cuentes. Este tipo de cosas sólo pueden pasarle a la gente que está en contacto con el Diablo'".

Un hombre en Atlanta había tenido un accidente en

su motocicleta que le había dejado su hígado lacerado. La sangre fluía desde su hígado hacia dentro de la cavidad de su cuerpo, y él empezó a perder el conocimiento. Pasó algún tiempo antes de que el médico que lo atendía dejara de controlar su cabeza por una conmoción cerebral y descubriera que estaba sangrando internamente. Para el momento en que llegó al quirófano, había perdido suficiente sangre como para estar muerto.

Mientras los médicos comenzaban a cortar, este hombre se encontró flotando hacia arriba en una luz celestial. Podía darse vuelta y ver su cuerpo, sobre el que estaban trabajando los médicos más abajo. Recuerda que pensaba que debería sentir miedo, pero no lo sentía.

"Una voz seguía diciéndome que me lo tomara con calma, que todo estaría bien", dijo. "Después, de algún modo, giré y me volví a instalar en mi cuerpo ahí abajo. Hablé con mi médico sobre esto y en ningún momento levantó la vista de la planilla en la que estaba escribiendo. Solo hizo algún gesto como que sabía todo y dijo: 'Probablemente fue tan solo un sueño'".

Los científicos ahora están de acuerdo en que las experiencias cercanas a la muerte *no* son sueños. Los sueños suceden a la gente cuando está dormida y son asociados con ondas cerebrales específicas. Pero esta proclamación del doctor era perturbadora para el hombre, que sabía perfectamente la diferencia entre los sueños y la realidad. Lo que había experimentado era real, y no era sino ahora, rodeado por otros como él, que confirmaba la realidad de su experiencia.

Algunos enfermeros se acercaron también. Yo había descubierto que, aunque los médicos tienden a ignorar estas experiencias, los enfermeros las escuchan y las usan para ayudar a curar a los pacientes.

Por ejemplo, una enfermera de California me contó acerca de una paciente que estaba muriendo de cáncer y que había tenido una visión previa a la muerte. Ella había visto a su tía, que había estado muerta por más de diez años, parada a los pies de la cama. La mujer estaba brillando con una luz celestial y lucía feliz y como si no estuviera sufriendo de ningún dolor. "Estaremos juntas pronto", le dijo. Unos pocos segundos después, desapareció.

Cuando el médico oncólogo hizo su recorrido esa mañana, la mujer le dijo lo que había visto. Estaba emocionada por la visión. Para ella claramente significaba que había vida después de la muerte. Tal como la enfermera lo expresó: "Esta visión era la única buena noticia que la mujer había tenido en seis meses".

El doctor la escuchó con un rostro inexpresivo. Cuando ella terminó, él simplemente despachó la historia con un gesto de su mano. "Me suena como a un sueño", dijo.

El entusiasmo abandonó el rostro de la mujer. Cuando el médico salió, ella se hundió en la cama, con su cabeza casi desapareciendo dentro de la almohada. La enfermera inmediatamente vino en su rescate. Le puso otra almohada debajo de su cabeza y le dijo que consideraba que el doctor era un tonto sin corazón.

"No se da cuenta de cosas como esas porque está interesado en las máquinas, no en los pacientes", le dijo. "Cosas como esas les suceden a una gran cantidad de pacientes en tu estado, y yo pienso que son algo diferente de los sueños".

Las dos siguieron conversando por mucho tiempo sobre visiones y muerte. "Hasta que tuvo esa visión, ella no había podido enfrentar el hecho de que estaba muriendo", dijo la enfermera. "Pero ahora hablaba de la muerte abiertamente, y su propio médico se perdió la oportunidad".

Durante estas recorridas conocía a gente que había pasado años atormentada por el hecho de que había tenido una experiencia espiritual poderosa sobre la que nadie quería conversar. Oí historias de terror de gente de la que se burlaban los miembros de su propia familia, porque habían visto los mismos lugares celestiales que yo había visto. Estas eran experiencias sanadoras para mí tanto como para la gente que encontraba, porque finalmente estábamos reunidos y comprendíamos.

Encontré muchas de estas historias que esta gente me contaba tan fascinantes que comencé a escribirlas, acumulando estudios de caso propios. Aquí están algunas de las que recolecté:

"LAS PUERTAS ESTABAN HECHAS DE PERLAS GIGANTES"

En Chicago una mujer se acercó a mí, caminando con alguna especie de rigidez que indicaba daño en su espalda. Se presentó y después, sin desperdiciar un minuto, me contó porqué había venido a la charla:

EN UN PERÍODO MUY CORTO DE TIEMPO, mi hermana murió en un accidente de automóvil, falleció mi mejor amiga y me quebré la espalda. Fui embestida desde atrás a muy alta velocidad por otro auto. Fue increíble que no quedase totalmente paralítica por el accidente y más increíble que no muriese durante la operación.

Estuve en el quirófano por cuatro horas para que unieran dos vértebras. Los doctores admitieron inmediatamente que me habían dado mucha anestesia y que mi corazón se había detenido varias veces en la sala de operaciones e incluso en la de recuperación.

En algún punto de todo esto, atravesé un lugar oscuro y me encontré a mí misma en la presencia del Señor. ¡Yo estaba ahí mismo!

Puede ser que te resulte difícil de creer, pero ¡yo estaba de pie frente a puertas que conducían derecho al Cielo! Las puertas estaban hechas de perlas gigantes, doce puertas grandes que parecían brillar. Las calles dentro de esas puertas eran de un color dorado, y las paredes de los edificios eran tan brillantes que apenas podía ver.

Vi una persona de luz que pienso que era Jesús. No podía ver su rostro, pero brillaba gloriosa e intensamente. Aunque no podía mirarlo, podía sentir su brillo, que era muy intenso.

Fui a un jardín que tenía césped verde y exuberantes flores y árboles frutales. Si alguien tomaba
una manzana, por ejemplo, la manzana volvía a cre-
cer inmediatamente.

Vagué alrededor de ese jardín, viendo a otros
seres espirituales como yo. ¡Entonces vi a mi hermana! Fue maravilloso. Hablamos por un largo
rato y me dijo cuán feliz era allí, en ese lugar, que
imagino que era el Cielo.

Pasamos un largo tiempo juntas, hablando y escuchando esa música celestial que salía de todas las
cosas. Era tan hermoso y había tanta paz, que yo
naturalmente quería quedarme.

Después de un tiempo tuve que regresar y hablar
con la persona que pensaba que era Jesús. Me dijo
que me amaba y que quería que regresara. Le dije que
quería quedarme en ese preciso momento, pero él
dijo que tenía que regresar a la tierra porque me en-
cargaría que hiciera algo.

Yo quería saber qué era lo que tenía que hacer,
pero no me lo dijo directamente. Por el contrario,
dijo: "Sabrás qué es en cada paso de tu camino".

Fue un alivio para esta mujer encontrar a otros que
también habían ido a este lugar celestial. Su esposo estaba cansado de oír sobre su experiencia, y su ministro
estaba haciendo un verdadero esfuerzo para distanciarse
de ella. En cualquier momento en que ella llegaba, él estaba "realmente muy ocupado" en otras cosas y tenía
poco o nada de tiempo para dedicarle.

"Desde que le conté lo que había pasado, no quiere tener nada que ver conmigo", me dijo. "Yo no me lo tomo como algo personal, de todos modos. Me doy cuenta de que la mayoría de la gente simplemente no comprende".

"HE RECIBIDO RESPUESTAS
A MIS PREGUNTAS"

Una señora mayor que conocí en el medio oeste del país también se sentía incomprendida. Se acercó a mí y con gran dinamismo me contó sobre su "viaje al Cielo". Era tan aguda e inteligente que me sentí impactado al saber que había sido víctima de múltiples derrames cerebrales y que tenía problemas cardíacos. Esta es su historia:

YO ESTABA EN UN HOSPITAL en Michigan, al que había sido llevada porque estaba teniendo derrames cerebrales que estaban causando ataques. Mi corazón no estaba suficientemente fuerte como para soportar estos ataques, y se detuvo. Sentí el dolor de un paro cardíaco por un minuto, y después una sensación de paz me invadió cuando vi una luz a mi derecha.

Fui atraída hacia esa luz como un imán hacia el metal. A medida que me acercaba más y más, sentí amor y comprensión creciendo dentro de mí hasta que pensé que explotaría.

Entré en esta zona iluminada y había un espíritu

hecho de una luz increíble que me imagino que era Jesús.

Fui abrazada por esa luz. Era un sentimiento maravilloso, como ser abrazada por mi papá, que me amaba sin importar lo que hubiera hecho. Era esa clase de amor.

Y esta luz era más que luz. Estaba hecha de millones y millones de diminutos destellos similares a un diamante que brilla, y tenía sentimiento. Sabía que yo era parte de esa luz.

Entré en una zona de césped que era como una adorable pradera. Encontré a mi abuela allí, una mujer que ha estado muerta desde que yo era una niña. También encontré a mi tío, que había estado muerto desde que yo era una adolescente.

En un abrir y cerrar de ojos dejé el lugar de césped y estaba de regreso con Jesús. Me dijo: "¿Qué has hecho por tu prójimo?". La formuló como una pregunta pero había una especie de respuesta allí también, que era que yo regresaría a la tierra a realmente hacer cosas por mi prójimo.

La gente a la que le he contado esta historia, insiste en que yo estaba soñando, pero esto era totalmente diferente. He tenido sueños y he tenido reacciones causadas por drogas, y esto no era ninguna de las dos cosas. Era real.

"QUERÍA SER PARTE DE LA LUZ DE AMOR"

En el sur del país conocí a una muchacha encantadora que decía que podía comprender totalmente lo que me había sucedido, dado que lo mismo le había sucedido a ella. Durante su embarazo algunos años antes, casi había muerto cuando un dolor que ella había estado ignorando resultó ser algo serio:

CUANDO MÁS O MENOS LLEGABA al sexto mes de embarazo de mi hijo, empecé a sentir un dolor debajo de mi pecho derecho. Pensé que era simplemente ardor de estómago que las mujeres embarazadas tienen con frecuencia. Pero empeoró más y más, y llevaba más y más tiempo liberarme de él.

Finalmente, me desperté una noche y el dolor era tan insoportable que apenas podía aguantar el llanto. Fui al cuarto de baño y probé sentándome en diferentes posiciones, pero nada me ayudaba. Lo último que recuerdo es haber estado sentada al borde de la bañera. Después me desmayé y caí hacia atrás.

Sentí como si estuviera fuera de mi cuerpo. Sentí como si estuviera viajando a miles de millas por hora, simplemente subiendo por un túnel. Pasé por varias luces y me dirigí a una muy brillante que se volvía más y más brillante. Entonces me detuve.

No quería entrar en la luz, pero simplemente estar parada allí, frente a ella, me daba una sensación de paz y gozo que no es fácil de explicar. Lo mejor que puedo decir es que quería permanecer y ser parte de la luz, y sentía que no me importaba nada más.

No oía palabras, pero una voz que venía de algún lugar decía que tenía que regresar. Comencé a quejarme, pero la voz me recordó de forma muy dulce que había alguien dentro de mí y yo debía regresar por él. Con todo yo quería permanecer allí, pero entonces sucedió otra cosa. La luz me hizo sentir la forma en que mi esposo se sentiría si yo muriera. Me sentí muy triste y entonces quise regresar.

Cuando me desperté, estaba en la sala de recuperación de nuestro hospital local. Mi vesícula se había roto y yo casi había muerto. Afortunadamente, no había sucedido y mi hijo nació muy saludable.

Poca gente comprendía las experiencias cercanas a la muerte por ese entonces, lo que usualmente nos dejaba a quienes las habíamos experimentado, sintiéndonos excluidos. Ese no era el caso de esta mujer. Su esposo aceptaba su historia como real, y el resultado era que su relación se había vuelto más fuerte de lo que había sido antes.

"NO ES SU HORA DE PARTIR"

Las experiencias cercanas a la muerte son desconcertantes para los adultos, de modo que puedes imaginarte la confusión que tiene lugar en la mente de un niño que vive para contarles a sus padres acerca de un viaje hacia una luz. Una mujer en Virginia me contó de una experiencia tal:

CUANDO TENÍA OCHO AÑOS, mi apéndice se rompió. Me llevaron al hospital, donde un médico atemorizado, en la sala de emergencias, les dijo a mis padres que yo moriría. Lo oí decir eso, porque lo dijo mientras estaba parado a mi lado.

Hicieron la operación de todos modos. Me dieron éter y yo perdí el conocimiento. Después, estaba de vuelta. Estaba flotando sobre mi cuerpo mientras los médicos cortaban mi abdomen. "¡La estamos perdiendo! ¡La estamos perdiendo!", repetía uno de ellos.

Yo estaba excitada ante esto, porque cualquier cosa que fuera lo que estaba sucediendo, me gustaba. De repente estaba yendo a través de un túnel oscuro y dirigiéndome hacia una luz que estaba en el otro extremo. Después me encontré a mí misma en un lugar hermoso, con una gran luz muy brillante que era muy bella y no lastimaba mis ojos en absoluto.

Miré a mi alrededor y pude ver gente que no reconocía. Había silencio, y entonces oí la voz de una señora en mi cabeza: "No, no, no es su hora de partir. Tiene que regresar".

No quiero regresar, pensé.

"Tienes que hacerlo", dijo la voz. "Tienes una buena vida por delante".

Cuando más tarde le conté a mi padre sobre esto, su rostro se volvió pálido y se puso realmente nervioso. "No le cuentes a nadie", me dijo. "Es nuestro secreto". De modo que no le dije a nadie, aunque la experiencia ha estado conmigo todos los días desde que sucedió. Pensé que quizás había algo malo en mí hasta que empecé a oír sobre las experiencias que otra gente había tenido. Ahora puedo por fin hablar abiertamente sobre la mía.

"LO QUE ESTÁS HACIENDO ESTÁ MAL"

Mucha gente contaba cómo había sido transformada por sus experiencias cercanas a la muerte. Pero una de las historias más interesantes fue la de una mujer cerca de Washington, D.C., que trató de matarse. Aquí está su historia:

CUANDO ERA UNA ADOLESCENTE, decidí matarme porque mi tío estaba abusando de mí. Me tomé un puñado de píldoras y salí de la casa. Estaba muy contrariada, caí sobre mis rodillas y empecé a llorar.

Me sentía grogui y entonces caí sobre un lado. Fue entonces que oí una voz. Era de noche, y miré alrededor para ver quién estaba hablando. Allí, parada delante de mí, estaba mi abuela. Ella se había suicidado años atrás por una enfermedad cardíaca crónica.

Me miraba hacia abajo y fue directo al punto. "Lo que estás haciendo está mal", dijo. "No debes matarte".

El lugar donde estaba parada mi abuela era muy oscuro, tal vez porque un punto al lado de ella estaba volviéndose muy brillante, como un tren que se aproximara por un túnel. Esta luz me levantó y me sostuvo cerca. "No es tu hora", dijo. "Tengo cosas que debes hacer".

Me tambaleé hacia dentro de la casa y llamé a la policía, que me salvó. Solo conté la experiencia a mis amigos cercanos, porque ¿quién más podía comprenderme? No pensé que hubiera alguien más como yo.

La experiencia de esta mujer cambió su vida de muchas formas. De algún modo, dijo, le dio la comprensión del cuadro total. Se dio cuenta de que aunque no podía cambiar lo que ya había pasado en su vida, el futuro era una pizarra en limpio. Sus notas en la escuela mejoraron y comenzó a hacer trabajo voluntario en casas para ancianos. Ahora es una enfermera registrada. "Elegí una profesión de servicio específicamente debido a mi experiencia cercana a la muerte", me dijo.

"TE ACOMPAÑARÉ DE VUELTA"

Mucha gente que casi murió afirma que vio a parientes que han muerto. Esto no me sucedió a mí, en gran medida, pienso, porque no había perdido a nadie que fuera cercano. Pero una mujer que conocí en Florida me contó sobre su experiencia cercana a la muerte, en la que vio una cantidad de parientes fallecidos, incluyendo a un hijo que había nacido muerto:

YO CASI MORÍ DURANTE EL NACIMIENTO DE MI HIJO. En todo el esfuerzo que tiene lugar, estalló un vaso sanguíneo y mi presión arterial cayó en picada.

Tenía un gran dolor y entonces de repente estaba fuera de mi cuerpo, flotando sobre él. Miré a los doctores por un tiempo y después comencé a flotar más y más alto hasta que estuve sobre el cielo raso y realmente podía ver la instalación eléctrica.

Después fui hacia arriba, a una cueva, y al final yo estaba con mucha gente que lucía exactamente como yo. Vi a mis abuelos, que habían estado muertos por años, y un tío al que habían matado en la Guerra de Corea. Después, un hombre joven se acercó a mí, un niño realmente. Me dijo: "Hola, mami", y me di cuenta de que era el niño que había nacido muerto unos pocos años antes.

Hablé con él por algún tiempo y me sentí feliz de que estuviera en este lugar con sus parientes. Después, él tomó mi mano y dijo: "Tienes que regresar ahora. Te acompañaré".

Yo no quería regresar, pero él insistió. Caminó conmigo y me dijo adiós. Entonces yo estaba de vuelta en mi cuerpo.

¿Cómo podía contarle a alguien todo esto? ¿Quién me creería? Mi esposo ni siquiera lo hubiera querido oír, de modo que no se lo conté. Pero ahora puedo hablar, ahora que conozco a otros que han visto estas cosas también.

Aunque conocí a cientos de personas que habían tenido experiencias cercanas a la muerte, conocí a muy pocas que hubieran experimentado todas las cosas que yo había experimentado. La mayoría de la gente había ido a lo que yo llamo el primer nivel, en el cual suben por el túnel, ven a los Seres de Luz y tienen una revisión de sus vidas. Muy pocos habían ido a la ciudad de luz y al salón del conocimiento.

Uno de los que fueron era un hombre que había agarrado un cable de 13.000 voltios sin conexión a tierra. La descarga de electricidad resultante le voló ambas piernas y uno de sus brazos. Vino a una de las conferencias de Moody y habló conmigo luego. La vida después de la muerte que había experimentado era la misma que la mía. Hablaba sobre ríos de energía que él había cruzado con un Ser de Luz. Aunque no había tenido visiones del futuro como yo, había visitado una ciudad de luz que tenía las mismas catedrales brillantes y la sensación de conocimiento omnipresente como la que yo había experimentado.

Traté de hablar con él en mayores detalles más tarde, pero no me dijo mucho sobre lo que había sucedido. Por naturaleza era una persona más callada, más reservada que yo, y estaba resentido por los escépticos que habían oído su historia e insistido en que no podía haber sucedido.

Sin embargo, yo perseveraba en tratar de hablar con él sobre su experiencia, pero no llegaba a ningún lado. No podía romper el hielo con él como usualmente podía con otros. También estaba tomando una cantidad importante de medicación para el dolor, que lo hacía aun menos comunicativo que lo que él podría haber sido.

Encontré a otras personas durante este tiempo, que habían estado en la ciudad de luces. Uno era un hombre mormón que conocí en Salt Lake City, cuya historia era casi idéntica a la mía. Había visto a los Seres de Luz y las gloriosas catedrales. En lugar de referirse a ellos como "espíritus" o "Seres", sin embargo, los llamaba "ángeles", y llamaba a las catedrales "tabernáculos".

En Chicago conocí a una mujer que fue impactada por un rayo cuando era niña. Estaba bien vestida y parecía muy cuerda y calmada mientras describía cómo había ido a la ciudad de luz y había estado parada en la presencia de lo que sonaba como los mismos seres espirituales sobre los que he hablado.

Dijo que estos seres la habían entrenado en un sistema de colores. Todo lo que hacía ahora estaba basado en sus intuiciones respecto a los colores. Cuando compraba un auto, cuando se vestía a la mañana, hasta cuando decoraba su oficina, lo hacía basada en algún esquema de colores que le había sido dado por los Seres de Luz. No comprendí exactamente cómo funcionaba este sistema de colores, pero el resultado, me dijo, era reunirla con otros como ella que hubiesen estado en las catedrales de luz.

"Se supone que tenemos que reunirnos para algo grandioso", dijo. "No sé qué es, pero lo sabré cuando nos reunamos".

De repente yo estaba conociendo a gente que no solo había tenido experiencias cercanas a la muerte, sino que había tenido casi la misma experiencia que yo tuve. Encontrar a estas personas fue un gran alivio. Era casi como llegar a la superficie después de haber estado obligado a estar bajo el agua por una mano invisible.

Estos encuentros confirmaban la realidad de lo que había sucedido. Tal vez una persona como yo mismo podría haber soñado una aventura magnífica. Pero ¿era posible que una cantidad de gente de diferentes partes del país hubiera tenido el mismo y complejo "sueño" en el momento de su deceso? Para mí, la respuesta era claramente "no". Nosotros habíamos realmente muerto y fuimos a un mundo espiritual. La única diferencia entre lo que habíamos hecho y visitar un país distante era que lo hicimos sin llevar nuestros cuerpos mortales con nosotros.

Conocer a estas personas también me convenció de que yo no estaba loco. Como ya sabes ahora, esa era una preocupación mía desde el principio, como lo era para la mayoría de todas las otras personas con experiencias cercanas a la muerte que yo estaba conociendo ahora. Comenzamos a darnos cuenta de que éramos especiales, no locos. Esta sensación de ser especiales nos llegó cuando nos dimos cuenta de que no estábamos solos. En lugar de sentirnos avergonzados o humillados, de repente nos sentíamos bien respecto de nosotros mismos.

Debería mencionar que los mormones no hacían sentir como si fueran locas a las personas que habían tenido una experiencia cercana a la muerte. Dado que la vida después de la muerte era parte de la doctrina de su iglesia, realmente le daban la bienvenida al testimonio de lo que ellos habían visto y oído del otro lado.

En 1977 fui a España, donde me senté en un panel de gente que había estado clínicamente muerta pero había sobrevivido. Estas personas venían de todas partes del mundo: Europa, Estados Unidos y Asia. Dado que contábamos historias que eran similares, me di cuenta de que era una experiencia universal.

Además de confianza en mi cordura, tenía un sentimiento aun más fuerte de que me habían dado una auténtica misión: construir los centros. Esta misión era, en esencia, mi mensaje. Nunca quise hacer nada de estas cosas, pero solo un tonto se resistiría al mandato de Dios.

Nunca encontré a nadie a quien le hubiesen dado una misión semejante, ni tampoco encontré alguna vez a alguien que hubiese visto las visiones del futuro, que se hubiera sentado delante de los trece Seres de Luz y le hubiesen mostrado el futuro de a una caja por vez. Cuando me reunía con otros, yo era el único que hablaba sobre un evento semejante.

Con todo, yo sabía que eso había sucedido. Partes de las visiones estaban empezando a tener lugar, y podía ver cosas sutiles que sucedían en el mundo que parecían indicar que el resto de las visiones también se volvería realidad. Mi confianza crecía y me sentía psicológicamente más fuerte.

"Somos personas normales", recuerdo haber dicho en un panel de discusión. "Somos personas normales a las que les ha sucedido algo paranormal".

Aunque todavía lucía un poquito dañado por el rayo que me había quemado, me estaba sintiendo más normal cada día.

Después, hice un descubrimiento que realmente me impresionó.

ONCE

Poderes especiales

No hubo una "primera vez" en que me haya dado cuenta de que tenía poderes de videncia. Me di cuenta de que sucedía algo extraordinario cuando un amigo me espetó un día: "Dannion, ¡por qué no mantienes cerrada la boca y me dejas terminar las preguntas antes de responderlas!".

La respuesta salió directamente de mi boca: "Porque sé lo que me preguntarás antes de que lo digas".

"No, ¡no lo sabes!", me gritó nuevamente mi amigo.

"De acuerdo, probemos", le propuse, y le dije cuál sería su próxima oración. Quedó boquiabierto porque era exactamente lo que estaba a punto de decir. Después, cuando comenzó a hablar, yo hablaba junto con él como si lo hubiésemos practicado, diciendo lo mismo que él decía al mismo tiempo que lo decía.

Empecé a experimentar este fenómeno con miembros de mi familia. Llegó un punto en el que respondía sus preguntas antes de que ni siquiera las formularan. No sabía cómo lo hacía. Simplemente "oía" lo que iban a decir antes de que lo dijeran. Esto era un impacto tan grande para mí como lo era para la persona con quien estaba hablando.

Recuerdo que lo hice una vez en un seminario al que había sido invitado para hablar sobre mi experiencia. Cuando la gente se acercaba para hablar conmigo, yo comenzaba la conversación formulando la pregunta que ellos iban a hacerme antes de que las palabras salieran siquiera de sus bocas. Esto sorprendió a algunos de ellos, que luego se dieron vuelta y les dijeron a otros a su alrededor: "Me leyó la mente".

Mi padre estaba allí también y no podía creer lo que estaba sucediendo. Me había visto hacerlo antes, pero nunca en un entorno compuesto totalmente por extraños. Ni bien terminaba de hablar con alguien, mi padre lo llevaba a un rincón y le preguntaba si yo realmente le había leído su mente. Nueve de diez personas insistían en que lo había hecho. Para el momento en que dejamos el seminario, mi papá estaba aturdido y confundido por lo que había visto.

"¿Cómo diablos haces eso?", me preguntó.

"No lo sé", me encogí de hombros. "Simplemente no lo sé".

Y no lo sabía. No sabía que esas preguntas no habían sido formuladas. Yo oía las palabras en mi cabeza con tanta seguridad como si la persona las hubiese pronunciado.

Cuando me di cuenta de lo que estaba sucediendo, traté de sintonizar con la otra persona. Descubrí que si la persona dudaba cuando hablaba, generalmente era un signo de que estaba cambiando su curso de pensamiento.

En ese momento, yo podía levantar sus ondas de pensamiento y oír lo que estaba pensando.

Mi habilidad para leer las mentes mejoraba rápidamente, tan rápidamente, en realidad, que casi arruinó
negociaciones en un trato de negocios. Después de que
esto sucedió, me di cuenta de que a veces me convenía
quedarme callado sobre las cosas que estaba "oyendo".

Mis tres socios y yo estábamos negociando la venta de
un equipamiento electrónico con miembros de una compañía naviera de Noruega. Habíamos trabajado en este
trato por algún tiempo, y ahora tres oficiales de la compañía noruega habían volado hasta South Carolina para
rematar los detalles del acuerdo.

Cuando estábamos sentados con los noruegos en la
mesa de negocios, comenzaron a hablar unos con otros
en noruego. Estaban poniéndose de acuerdo sobre las
preguntas que nos formularían antes de decirlas en
inglés. Mientras hablaban en su lengua madre, esfor-
zándose en elaborar en inglés lo que nos dirían, yo de
repente hablé y dije: "Lo que ustedes quieren pregun-
tarnos es...", y después formulé la pregunta por ellos.
Se rieron nerviosamente y discutimos la primera parte
del contrato, sobre la que tenían preguntas para formular.

Después empezaron nuevamente a hablar entre ellos
en noruego, que yo podía comprender perfectamente leyendo sus mentes. Una vez más les dije lo que estaban
pensando.

"Pensamos que usted no comprendía nuestra lengua",
dijo uno de los noruegos.

"No la comprendo", dije, y procedí a contarles mi historia.

Había descreimiento en los rostros de todos los que estaban en la habitación. A los noruegos les costaba creer que una persona pudiera alcanzar poderes extrasensoriales como resultado de ser fulminado por un rayo. Mis socios no podían creer que yo hablase sobre mi experiencia en el medio de negociaciones serias. Tenían miedo de que tal conversación pudiese arruinar el trato.

"Nadie quiere que le lean su mente", dijo uno de mis socios. "Especialmente cuando están negociando un contrato".

Comprendí eso completamente y decidí que de allí en adelante no revelaría lo que sabía durante la mayor parte de las reuniones de negocios. Pero eso no significaba que no usaría mis poderes para evitar que la gente se aprovechara de mí.

En uno de mis negocios de electrónica, decidimos comprar un producto de un nuevo proveedor. A mis socios y a mí nos gustaba este amigo, que hacía un componente que necesitábamos para nuestro sistema de máscara. Fuimos a cenar con él y después fuimos a tomar algo, y ninguno de nosotros sospechamos que algo estuviese mal, incluyéndome a mí.

Después todo cambió, sin embargo, cuando nos sentamos en la mesa a negociar el trato. Mientras hablábamos acerca del precio, un tono en su voz me hizo sentir receloso. Mientras lo escuchaba, percibí la imagen de una habitación llena con el producto que estábamos comprando. Mientras miraba esa habitación en mi mente, pude ver que la mayoría de los componentes que estábamos a punto de comprar eran defectuosos. ¡Este hombre estaba tratando de vendernos basura!

Les dije a mis socios lo que había visto antes de firmar el contrato. En nuestra última rueda de negociaciones pudimos insertar una cláusula que nos permitía una devolución por cada componente que no funcionara. Al final, más del 60 por ciento de los componentes tuvieron que ser comprados nuevamente por este hombre, que en realidad había tratado de vendernos productos de calidad inferior.

Durante este período, otro poder extraordinario se me presentó.

No sé de qué otra forma describir este poder peculiar si no es diciendo que comencé a ver "películas". Miraba a alguien y de repente veía fragmentos de su vida, como si estuviésemos mirando una película casera. O levantaba un objeto que pertenecía a alguien y veía escenas de la vida de su dueño. A veces tocaba algo viejo y tenía una visión de la historia de ese objeto.

Por ejemplo, en 1985, fui a Europa para ayudar a Jacques Cousteau a armar los equipos electrónicos marinos para uno de sus proyectos. Mientras estaba allí, volé a Londres para ver a un amigo. Mientras estábamos caminando por la ciudad, me detuve frente al edificio del Parlamento para ajustar mi zapato y puse mi mano sobre un pasamanos. De repente percibí olor a caballos. Miré a mi izquierda y no había ninguno allí, sin embargo podía oír niños jugando. Miré a un lugar justo delante del Parlamento y vi gente con ropas del 1800 jugando al *cricket*.

Miré hacia mi derecha y vi un caballo parado al lado mío orinando. Comencé a decirle algo a mi amigo, pero ya no estaba allí. En su lugar, gente vestida con trajes del siglo XIX y sombreros de hongo estaba caminando a mi lado por la acera.

Sentí temor y no sabía qué hacer. Ahí estaba yo, en invierno en Londres, y sin embargo la gente estaba jugando al cróquet y tenía puesta ropa de primavera y de otro siglo. No podía soltar la reja aunque lo intentase con ganas.

Mi amigo vio que yo estaba en algún tipo de trance y trató de hablar conmigo. Al ver que continuaba mirando a mi alrededor y no respondía, tiró de mi mano y me soltó del pasamanos. Salí de la visión tan repentinamente como había entrado.

"Estaba viendo esta zona de la forma en que era antes", dije. "Podía ver a Londres tal como era en el siglo XIX".

Esta no era la primera vez que sucedía algo así. Inmediatamente después de ser fulminado por el rayo, mientras yacía en mi cama de hospital, descubrí que cuando una persona tocaba mi mano, yo era repentinamente esa persona en una determinada situación. Por ejemplo, veía a una persona peleando con alguien de su familia. No sabía necesariamente por qué estaban peleando, pero podía sentir el dolor o el enojo que esa persona sentía.

Una vez, una amiga cercana a la familia vino a verme y puso su mano en mi antebrazo. De repente, la "película" comenzó. Podía verla sentada a una mesa del comedor discutiendo con su hermano y hermana por un pedazo de tierra que habían recibido en el testamento de alguien. Ella les estaba ofreciendo una pequeña suma de dinero por su parte de la tierra, sabiendo perfectamente que valía mucho más. Estaba tratando de engañarlos. Más tarde les conté a los miembros de su familia lo que había visto, y resultó ser cierto.

Otra vez un amigo que tenía piedras en su riñón, vino a visitarme. Yo no sabía sobre su problema antes de que viniese al hospital, pero cuando puso su mano sobre mi hombro para despedirse, de repente lo vi hacerse un ovillo y retorcerse en agonía en el sofá de su sala de estar mientras esperaba que sus piedras pasaran.

Le dije lo que había visto y le impactó. "Eso es exactamente lo que sucedió", me dijo. "Finalmente las despedí la otra noche".

Desde el mismísimo comienzo me di cuenta de que las situaciones estresantes y las crisis dominaban estos fogonazos de videncia. Si la gente se estaba peleando con los hijos o con sus esposos, eso es lo que veía en estas "películas caseras". Autos destrozados, novias enojadas, malas situaciones familiares, conflictos de oficina, enfermedades y otras formas de estrés eran siempre el punto central de mis visiones. Todavía sucede de ese modo.

Una vez, por ejemplo, yo le estaba vendiendo un auto a un hombre. Era una persona agradable, en el final de sus cincuenta años, que tenía los dedos gruesos y fuertes de quien ha hecho un trabajo manual por muchos años. Hablamos acerca del auto por un tiempo antes de que decidiera comprarlo, y en ningún momento dejó ver un atisbo de que había algo que no estaba bien en su vida personal. Tan pronto como estuvo de acuerdo en comprar el auto y nos dimos la mano para cerrar el acuerdo, pude ver que algo estaba realmente mal.

De repente me encontré en su sala de estar el día anterior, en el medio de una disputa familiar acérrima entre sus hijos adultos y él. Podía sentir su enojo hacia sus chicos mientras le insistían sin piedad sobre un edificio de departamentos que él poseía. Querían que lo vendiera y les diera a cada uno de ellos una suma de dinero de una sola vez. Él, por el otro lado, quería hacer mejoras en la propiedad de modo de poder continuar alquilando los departamentos y usar el dinero para su retiro.

Había mucha codicia subyaciendo a la conversación y muy poca preocupación por el padre. El padre sabía que sus hijos estaban pensando únicamente en sus billeteras, y la conversación rápidamente tuvo una escalada para convertirse en un combate familiar salvaje que le dejó a él un sentimiento de enojo y de dolor.

Yo podía ver todo eso. Mientras estaba parado en mi patio delantero con este hombre tan agradable, sentí una gran simpatía por él. Decidí dejarle saber cómo me sentía.

"Espero que esto no te asuste demasiado", le dije. "Pero puedo leer mentes".

Entonces le dije cómo había sido su día anterior completo, con las dolorosas emociones que habían acompañado la discusión.

"Te compadezco", le dije. "Estas personas no han

hecho nada para ayudarte a cuidar esta propiedad, y ahora quieren robártela. Deberían estar avergonzados".

Dejó mi casa con algo más que un nuevo auto. Al principio estaba impactado, pero después de que hablamos acerca de los incidentes del día anterior, se sentía profundamente aliviado. "Hablar sobre mis problemas personales no es algo que haga con frecuencia", dijo. "Pero no tenía opción en esta oportunidad".

Cuando descubrí por primera vez estas habilidades paranormales, las usaba en formas que ahora considero deshonestas. Era difícil de vencer a las barajas, dado que sabía qué cartas tenían en sus manos los otros jugadores. Podía predecir la siguiente canción en la radio o la máquina de discos en un 80 por ciento de las veces. Y una vez predije correctamente el equipo ganador en los partidos de fútbol 156 veces seguidas, incluyendo el resultado correcto en aproximadamente el 80 por ciento de los casos.

Pronto me sentí culpable de usar estos poderes en tal forma. Sentí que tenían un cierto aspecto de don de Dios que los hacía divinos. Abruptamente dejé de apostar y comencé a buscar formas positivas de usar mis poderes de vidente. En lugar de apostar, que no era espiritualmente satisfactorio, hablé con otros que estaban llevando a cabo actividades espiritualmente más satisfactorias que apostar.

Usar tus habilidades de videncia para tocar a la gente espiritualmente, a menudo requiere de un acercamiento delicado (Si todo lo que quieres hacer es llevar a cabo un truco de salón, un asalto frontal está bien, dado que tu objetivo es impactar a la persona).

Por ejemplo, estaba en un restaurante una vez cuando
me di cuenta de que la mesera tenía los ojos ardidos, típicos de quien no ha dormido bien por varias noches.
Tenía la frente profundamente arrugada, y parecía enojada y nerviosa.

A la mitad de la comida vino a llenar nuevamente mi
taza de café. Puso la mano sobre la mesa mientras lo
hacía y me dio la oportunidad de tocar su mano. Cuando
lo hice, la "película casera" comenzó inmediatamente.

Podía ver a esta mujer hablando con un hombre mayor
que ella. Estaban parados en alguna calle por ahí, y ella
estaba tratando de agarrar su mano. Era obvio que él no
estaba interesado en ella. Mientras la muchacha hablaba
con él, él se daba vuelta una y otra vez, mirando la calle o
a los autos que pasaban, cualquier cosa para evitar la mirada de la chica.

Por un momento yo era ella. Sentía su dolor al saber
que la relación con este hombre estaba condenada al fracaso. Esta escena y el conocimiento llegaron como un
fogonazo, y después se fueron.

Cuando volvió a traer la cuenta, la detuve. "Tú sabes,
los hombres más grandes no son tan buenos como parecen", le dije. "A veces los pierdes a pesar de todo lo que
hagas. No te culpes a ti misma. Intentaste todo y ahora
te sientes como una tonta. Realmente, tú eras lo mejor
para él, y tú lo sabes".

La mesera estaba alarmada por mi comprensión de
su vida. Me miró como si yo fuese el diablo. Pero
cuando se dio cuenta de que era inofensivo, regresó a
mi mesa.

"Tienes razón", dijo, sentándose. Se revitalizó ante mis propios ojos en los pocos minutos que pudimos hablar.

Cuando tales eventos comenzaron a suceder con regularidad, le conté a Moody sobre ellos. Estábamos sentados en un restaurante en Georgia cuando le dije que podía leer mentes. Era claro que no me creía. Me preguntó cómo pensaba yo que funcionaba, y yo simplemente me encogí de hombros.

"No sé cómo es que sé las cosas que sé, Raymond", le dije.

Le conté que podía ver escenas de la vida de una persona como si estuviera viendo una película casera. Le dí algunos ejemplos, pero seguía sin poder creerlo.

"De acuerdo", le dije, un poquito enojado al ser desafiado. "Escoge a alguien en este restaurante y le leeré la mente".

Eligió a nuestra mesera, que estaba pasando al lado de nuestra mesa en ese momento. Le pedí que se detuviera y le toqué la mano. La "película" comenzó inmediatamente. En la primera escena estaba discutiendo acaloradamente con su novio. Estaban sentados a la mesa de la cocina y realmente discutiendo fuerte. Lo vi a él agarrar su saco y partir. Luego apareció otro fragmento de película. Podía ver al novio tomando de la mano a otra mujer, una rubia con cabello largo y enrulado y una preciosa nariz pequeña. Después vino un pedazo de película corto, que mostraba a la mujer con cabello largo enrulado parada en un café con la mesera.

Le dije lo que veía. Ella estaba asustada y enojada al mismo tiempo, asustada de mí y enojada con su novio.

"Eso es exactamente lo que pensé que estaba sucediendo", dijo. "Mi novio está saliendo con mi mejor amiga. Cada vez que le pregunto sobre esto, lo niega y se va. Finalmente salí con ella la otra noche y le pregunté sobre el tema, pero ella dice que no está sucediendo nada".

Todavía había dudas en los ojos de Moody, de modo que le pedí que eligiera a otra persona. Al lado nuestro había una mujer en un reservado que había estado tratando de escuchar nuestra conversación con gran interés. Moody se presentó y le preguntó si le molestaría tomar mi mano en nombre de la investigación.

Cuando la señora lo hizo, otra "película casera" apareció en mi cabeza. En una escena, vi a esta mujer en un patio con una mujer mayor. Estaban felices y riéndose, pero la alegría parecía forzada, como si hubiese algo que les causara temor que estuvieran tratando de espantar con la risa. En la próxima escena estaban estas dos mujeres sentadas juntas en una casa. La mujer cuya mano estaba sosteniendo estaba llorando, y la mayor se veía preocupada. Podía percibir que la mujer mayor estaba enferma y que la más joven temía que fuera una enfermedad mortal.

Solté la mano de la mujer y le dije lo que había visto. Sus ojos se humedecieron mientras me contaba que su madre tenía cáncer. Naturalmente estaba preocupada, y habían tenido muchas noches como la que yo había descrito, en las que ella y su madre habían hablado abiertamente acerca del futuro.

Escogí aproximadamente cinco personas más y les dije

una variedad de cosas, incluyendo dónde vivían, qué clase de auto manejaban, quiénes eran sus amigos, cuáles eran sus situaciones económicas y qué clase de problemas tenían.

Las personas reaccionaban de forma diferente mientras yo miraba sus "películas". Un par simplemente entrecortaron su respiración y cubrieron su boca. Una me dijo muy enojada que me detuviera. Otra quería oír más, y una se sonrojó y dijo que sentía como si repentinamente estuviese desnuda.

Moody finalmente se convenció de que algo realmente extraordinario estaba sucediendo. Pero no comprendíamos ni el modo ni la razón por los que sucedía, lo que era particularmente difícil para mí, dado que yo era quien tenía que vivir con mis habilidades.

Tal como le había dicho a Moody, no comprendo por qué puedo ver estas "películas caseras" de las vidas de las personas o por qué oigo oraciones antes de que sean pronunciadas. Aún más, no siempre me gusta. Tener habilidades de vidente significa que tienes acceso a los puntos más sensibles de una persona, las zonas de su vida que están más ocultas y protegidas contra la vista del resto de las personas. "Ver" esas zonas es a veces bueno, porque les da a las personas la posibilidad de hablar abiertamente sobre el dolor en sus vidas.

El problema es que la gente no siempre quiere hablar sobre el dolor en sus vidas, menos que menos con un extraño que les dice cosas que los extraños no deberían saber. He sido acusado de ser un investigador privado, un mirón, un ladrón, incluso alguien que tiene acceso a archivos del gobierno privados. He sido amenazado y hasta golpeado por gente a la que no le gustaba que yo husmeara en sus asuntos.

Con franqueza, no puedo culparlos. Antes de que me diera cuenta de que cosas como esta sucedían, me hubiera enojado si alguien que no conociera bien leyera mi mente. Aunque sé que lo que hago va a enojar a algunas personas, yo sin embargo no puedo evitar que suceda.

Si hay algún consuelo en tener habilidades de videncia, es que otras personas que han tenido experiencias cercanas a la muerte las tienen también. No quiero decir solamente la experiencia misma, que es un evento psíquico intenso. Quiero decir lo que sucede después de la experiencia. Todavía tengo que conocer a una persona que haya tenido una experiencia cercana a la muerte que no tenga fogonazos de precognición o poderes intuitivos muy desarrollados. Tiene sentido, dado que la gente que ha tenido una experiencia cercana a la muerte ha quebrado a la naturaleza en la mismísima esencia de la vida.

He oído a cientos de personas que han tenido una experiencia cercana a la muerte contarme sobre eventos de videncia en sus vidas. Una vez hablé con un ruso, por ejemplo, que había sido atropellado por un auto y enviado a la morgue porque fue considerado muerto. Fue puesto en un cajón de almacenamiento refrigerado por tres días, tiempo durante el cual su espíritu dejó su cuerpo y vagó. Fue a su casa y vio a sus hijos y después entró en el departamento de al lado, donde el niño de un año de edad de la pareja no dejaba de llorar. Lo habían llevado al médico varias veces, pero nadie podía darse cuenta qué estaba mal. El espíritu de este hombre pudo comunicarse con el niño y descubrir que tenía una fractura del tamaño de un cabello en su pelvis.

Se supo que el hombre estaba vivo justo antes de que el patólogo comenzara su autopsia. Fue enviado al hospital, donde tuvo una recuperación física total, pero no, pensaron, una psicológica. Seguía hablando sobre un viaje fuera de su cuerpo y de haber visitado a familiares y amigos. Finalmente pidió que le trajesen a su vecino con su niño que no dejaba de llorar. Le dijo lo que había hablado con el niño cuando estaba "muerto" y que el niño lloraba porque su pelvis estaba quebrada. Una radiografía mostró que el hombre estaba en lo correcto.

"Todo eso fue una experiencia de videncia", dijo el ruso. "Me ha dejado sin la comprensión de mí mismo".

El ejemplo más interesante de poderes psíquicos que provenían de una experiencia cercana a la muerte me lo contó mi coautor sobre un investigador llamado Frank Baranowski en Mesa, Arizona. En 1979, tuvo la oportunidad de entrevistar a un obispo en el Vaticano cuyo corazón se había detenido por varios minutos como resultado de un ataque cardíaco. Había tenido una experiencia cercana a la muerte tan sorprendente para los otros clérigos, que el papa Juan Pablo fue llamado a su lado.

El Papa le preguntó al obispo si había visto a Dios. El obispo no estaba seguro. Había sido recibido al final del túnel por un extraño que lo había acompañado a una luz brillante y amorosa. La experiencia en sí había sido así de simple, le dijo al Papa, excepto que cuando retornaba, pasó a través de las paredes del Vaticano y entró en el camerino del Papa.

"¿Qué estaba vistiendo?", preguntó este.

El obispo describió perfectamente las ropas que el Papa había llevado puestas para el oficio de esa mañana.

Después de que retornó a la salud, las experiencias de videncia continuaron. Pudo predecir algunas cosas, entre ellas los ataques cardíacos de dos amigos oficiales de la Iglesia.

¿Eran sus experiencias de videncia, y las de otros como él, causadas meramente por una intuición elevada? No lo sé. *Estoy* seguro de que la noción de poderes psíquicos le parece exagerada a la mayoría de la gente. Ciertamente también me lo parece a mí. Me es difícil comprender aun mi propio caso, cómo un rayo que atravesó mi cabeza y un viaje a un mundo espiritual podrían convertirme en un vidente.

He pensado en esto cientos de veces y, sin embargo, no tiene sentido. ¿Es posible que una experiencia cercana a la muerte pudiera provocar que un ser humano desarrollara poderes extraordinarios, incluso hacer que sea posible para él leer mentes y ver el futuro? Antes de que esto me sucediera a mí, me hubiese reído de la idea, como también me hubiese reído de la noción de experiencia cercana a la muerte misma. Pero ahora es la pregunta principal en mi cabeza.

Afortunadamente, otros han meditado sobre esta misma pregunta en los últimos años y han llegado a algunas respuestas notables. En 1992, el Dr. Melvin Morse publicó los resultados de un estudio importante sobre experiencias cercanas a la muerte, en un libro titulado *Transformed by the Light*.

En este estudio, el Dr. Morse llevaba adelante un examen detallado de cientos de personas que habían sobrevivido a experiencias cercanas a la muerte. Usando pruebas psicológicas estándares, descubrió que en verdad ellos tenían más experiencias psíquicas comprobables que la población en general: más de cuatro veces la cantidad de las personas comunes, de acuerdo a su estudio.

La mayoría de estas experiencias de videncia son simples e insignificantes. Por ejemplo, mucha gente tiene premoniciones de llamados telefónicos: le dicen a un compañero de trabajo o a un miembro de su familia que alguien está por llamar, y en poco tiempo esa persona lo hace. Estos llamados usualmente vienen de miembros cercanos de la familia, pero con frecuencia son de gente sobre la que no han sabido por años. Dado que le dijeron a otras personas antes de que el evento sucediera, son experiencias psíquicas comprobables.

La mayoría de las experiencias citadas en su libro van más allá de llamadas telefónicas sin embargo. Una mujer soñó que su hermano estaba sangrando de su costado y sus manos y estaba gritando para pedir ayuda. Le contó el sueño a su familia a la mañana siguiente y le dijeron que lo olvidase, que no era más que una pesadilla. Sin embargo, en unos días, unos ladrones hirieron a su hermano en el costado y en sus manos, exactamente del modo en que ella lo había soñado.

El Dr. Morse cita docenas de historias como esta en su estudio. En lugar de ignorarlas y despacharlas considerándolas coincidencias, él elige examinarlas desde más cerca y concluye que ciertamente hay algo sobre la experiencia cercana a la muerte que hace que la gente tenga más videncia.

Qué es este "algo", es una pregunta que no puedo responder. Nadie puede, todavía. Algunos piensan que hay una zona del cerebro que se vuelve más sensible por la cercanía con la muerte y que esta zona es la responsable de las comunicaciones psíquicas. Otros creen, como lo hacía Freud, que nos comunicábamos de un modo psíquico antes de que desarrolláramos el lenguaje y que la experiencia cercana a la muerte revive esas habilidades psíquicas.

No sé por qué tengo estas habilidades de videncia y tampoco sé por qué otros las tienen. Sí sé que todo el tiempo suceden cosas que son intrigantes y todavía inexplicables. En gran parte, vivimos en un mundo que es todavía un misterio. Negar ese misterio podría ser negar lo más extraordinario del mundo.

DOCE

La reconstrucción

Para 1978, estaba haciendo un regreso contundente. Podía caminar casi normalmente, y podía concentrarme por suficiente tiempo como para comenzar a pensar acerca de reconstruir mi vida.

La caída del rayo me había costado todo. Había perdido mi casa, mis autos y mis negocios, todo para pagar los médicos y los hospitales. En breve, había pagado decenas de miles de dólares para seguir vivo.

Para los estándares de la mayoría de la gente, yo estaba en mala forma. Pero para mis estándares, los que había adoptado después del accidente, yo era un competidor olímpico. Mi peso todavía era bajo, y seguía teniendo perturbadores períodos de pérdida de conocimiento. Mis médicos decían que eran causados por mi corazón dañado. Estimaban que aproximadamente el 30 por ciento de mi corazón había sido dañado, o tal vez incluso dejado inservible, por el rayo. Mi corazón tenía una "insuficiencia en su bombeo" que a veces impedía que llegara suficiente sangre a mi cabeza. Cuando sucedía eso, yo simplemente colapsaba.

Afortunadamente, había gente que siempre estaba allí para levantarme. Sandy estaba todavía conmigo, como también amigos como David Thompson, Jan Dudley y Jim y Kathy Varnl. Cuando me caía en público, usualmente estaban allí para ayudar.

A los doctores les preocupaba que mi corazón degenerara con el tiempo y finalmente se convirtiera en un verdadero problema. Yo no sentía que debiera esperar a que se convirtiera en un verdadero problema, dado que para mí ya parecía un verdadero problema.

Tenía opciones, por supuesto. Podía sentarme y esperar, deseando que mi corazón curara y yo me recuperara totalmente o pudiera volver a trabajar. Decidí trabajar. Debido a mis habituales visiones de los centros, comenzó a fascinarme la electrónica. Empecé tres negocios, todos vinculados a la electrónica.

El primero era un negocio que consistía en vender supresores de subidas de tensión, un dispositivo diseñado para prevenir que subidas de tensión de electricidad pudiesen dañar equipamiento del hogar. Como puedes imaginar, yo era el vendedor perfecto para este producto, ¡siendo como era un ejemplo viviente de lo que puede suceder al equipamiento *humano* que recibe demasiada electricidad!

También regresé a trabajar para el gobierno, fabricando e instalando dispositivos que impedían la instalación de micrófonos ocultos en edificios del gobierno en todo el mundo. Llamados "sistemas de enmascaramiento", su función es impedir que se escuchen en otro sitio las conversaciones que tienen lugar en los edificios del gobierno.

El tercer negocio involucraba la fabricación de una pieza de equipamiento que me había sido mostrada en una de mis visiones, un dispositivo electrónico antienredo diseñado para impedir que los percebes se adhieran a los cascos de los barcos, de ese modo disminuye el consumo agregado de combustible causado por el remolque.

Este invento, que desarrollé con dos amigos, significó un gran impulso para la protección ambiental. Hasta entonces, la mejor forma de impedir que los percebes se adhirieran a los cascos, era con una pintura altamente tóxica. Ahora lo mismo podía hacerse transmitiendo unos tonos eléctricos a través del casco. Esta invención por lo tanto duplicaba el beneficio al medio ambiente al incrementar la eficiencia del combustible y reducir el vertido tóxico en las aguas.

También trabajé con los sordos. Modifiqué una pieza del equipamiento llamada audio transductor para convertir discurso en vibraciones. Este dispositivo puede ser sujeto a cualquier superficie, incluso al cuerpo humano. Cuando la música o sonido pasa a través del transductor, este vibra y convierte aquello a lo que está sujeto en un hablante. Yo fijaba estos dispositivos a la parte de atrás de la oreja de las personas sordas, permitiéndoles "oír" a través de las vibraciones. Helen Keller usaba un método similar cuando ponía sus manos sobre las gargantas de las personas para sentirlas hablar.

Recuerdo a una mujer sorda que lucía asustada mientras yo enganchaba el dispositivo a su oreja. Su madre le decía que todo estaba bien, pero ella sentía temor ante lo que podía llegar a ser la experiencia de oír. Encendí el transductor y le hablé. Ella me miró y comenzó a llorar. "Puedo oír eso", decía. "Nunca había oído nada".

Que la gente sorda de repente comience a oír me recuerda mucho a mi repentina adquisición de poderes de videncia. Por años esas personas han aprendido a adaptarse a vivir en un mundo silencioso. Sus otros sentidos han compensado la situación tan bien que quizás no se han dado cuenta de que se estaban perdiendo algo. Luego, un día —¡guau!—, como por un rayo, son introducidos en un mundo que no sabían que existía. Están emocionados aunque también asustados, todo al mismo tiempo. Es como explorar algo que nunca supieron que existía.

Los transductores también me fueron mostrados en una de las visiones que todavía estaba teniendo de forma regular. Los llamaba "discos de hockey" porque eso es a lo que me hacían recordar: discos de hockey pequeños, redondos y negros. No sabía qué eran estos discos, pero a través de las visiones supe que la función de ellos era transmitir música a través del cuerpo de la persona que estaba tendida en la cama.

A través de las visiones comencé a darme cuenta de ciertas cosas sobre el cuerpo humano, siendo una de ellas que, como estos transductores, transmitimos esencias espirituales, mentales y físicas de nosotros mismos al mundo que nos rodea. Aprendiendo a estar en contacto con nuestro ser eléctrico y biológico, podemos hacer de nosotros mismos seres más elevados que transmiten el lado espiritual de la vida.

Mis visiones sobre los centros estaban todas relacionadas con la comprensión del cuerpo; cómo produce energía y cómo esa energía puede encontrarse de tal modo que tenga un contexto espiritual. Cuando alcanzas el punto en el que puedes controlar esta energía y transformarla en una fuerza positiva, has encontrado la parte de ti que es Dios.

El objetivo de los centros era redirigir la energía humana, pero no lo sabía en ese momento. Antes bien, a mí simplemente me dijeron que hiciera ciertas cosas. Comencé las compañías mencionadas antes porque los espíritus me dirigieron a hacer eso. También comencé una compañía llamada Scientific Technologies, que fabricaba componentes electrónicos.

Tomé algunos socios en este último negocio. Les expliqué que yo quería comenzar un negocio porque mis visiones me estaban dirigiendo a hacer eso. Me creyeron, porque me habían conocido por una gran cantidad de años. Sabían que antes de que me caiga el rayo yo no sabía mucho sobre electricidad, pero después había recibido todo el conocimiento que necesitaba tener de maestros que eran espíritus.

"No sé por qué se supone que debo empezar este negocio, salvo porque me dicen que lo haga en mis visiones", les dije a mis socios.

Estuvieron de acuerdo en seguir la visión conmigo. Me indicaron que dirigiera el negocio hacia el medio ambiente y lo hice al continuar fabricando e instalando los sistemas antienredo en los barcos. Por un tiempo, no nos fue bien, y después el gobierno prohibió la pintura antienredo. Finalmente habían recopilado suficientes estudios científicos como para darse cuenta de que era perjudicial para el medio ambiente. En realidad, era tan peligroso que caer en Norfolk Harbor cuando las pinturas estaban en uso exigía un inmediato viaje al hospital para ser desintoxicado. Cuando la pintura estuvo prohibida, nuestras ventas treparon de forma drástica.

En 1983, seguí con la visión apartándome de la electrónica marina y regresé al negocio de localizar y remover micrófonos ocultos. He estado en ese negocio desde entonces.

Y, por supuesto, las visiones continuaron. Eran acerca de amor y de encontrar los componentes adecuados para crear los centros.

Dediqué mi tiempo al trabajo voluntario con enfermos desahuciados, cuyo objetivo es hacer que las personas se sientan cómodas mientras están muriendo, generalmente en sus hogares. Hacía esto porque me dirigían a hacerlo en las visiones. Visitaba pacientes y les contaba mi historia. Muchos de ellos nunca habían escuchado sobre las experiencias cercanas a la muerte. De todos modos, estando tan cerca de la muerte ellos mismos, estaban muy interesados en oír el relato de un viajante espiritual, alguien que había estado allí donde ellos estaban yendo.

La mayoría de la gente rechaza las situaciones de lecho de muerte porque tienen un increíble temor a morir y quieren evitarlo por tanto tiempo como sea posible. Pienso que si la gente pasara más tiempo alrededor de la persona que está muriendo, sus temores a la muerte física se disiparían. No estoy diciendo que la muerte no asusta y que no es difícil lidiar con ella, porque casi siempre lo es, pero junto con el dolor y el temor de desprenderse de la vida física viene un despertar a lo espiritual.

Como voluntario en el trabajo con los enfermos desahuciados, estaba comprometido en el cuidado del cuidador o cuidadora. Básicamente esto significa que yo le proveía alivio al miembro de la familia que estaba cuidando a quien yacía en su lecho de muerte. Me gusta hacer este tipo de trabajo de alivio, porque los cuidadores primarios realmente necesitan un descanso. Ellos mueren un poquito cada día y generalmente no son tenidos en cuenta por los otros miembros de la familia. No solo se sienten atrapados, sino que a menudo tienen un conflicto con la persona que está muriendo.

Por ejemplo, una vez ayudé a una madre que cuidaba a su hijo que estaba muriendo de cáncer. Lo primero que hice cuando me acerqué al lecho de muerte fue sentir el pulso del paciente. Hacía eso tanto para controlar el pulso en sí como para ver su "película casera".

La "película" de este chico era mala. Podía ver a su madre parada al lado de la cama con sus manos en sus caderas y con rostro enojado. Él era una audiencia cautiva de su arenga, y a él eso lo enojaba. Yo podía sentir olas de enojo mientras ella hablaba.

"Guau", le dije al chico. "¿Qué es lo que te enoja tanto?". "No me creerás", dijo. Entonces él procedió a contarme acerca de la culpa de su madre por su muerte. Ella de algún modo se sentía responsable por el hecho de que él estuviese muriendo. Varias veces al día se paraba al lado de su cama y culpaba por su enfermedad a cosas que ella había hecho. Nada de eso tiene ningún sentido, me dijo él. En los últimos días se había vuelto peor, porque había empezado a culparlo a *él* por su enfermedad, diciendo que él había hecho cosas para causarla.

"Me estoy muriendo de cáncer", dijo el chico. "No es su culpa ni la mía. Simplemente me estoy muriendo".

Cuando la mamá regresó, tuvimos una buena conversación sobre la muerte y la culpa. Yo les conté mi historia, que pareció tranquilizarlos.

"No dejes que la muerte los separe", le dije a la madre. "Nunca te lo perdonarás".

En otra ocasión fui a una casa estilo rancho en una zona de clase media de South Carolina. Fui recibido en la puerta por una mujer que estaba genuinamente contenta de verme. Estaba cuidando a su madre, con quien, decía ella, era "un poquito difícil congeniar".

La hija me presentó a su madre y abruptamente se fue. Hice lo que siempre hago, tomé la muñeca de la señora y sentí su pulso. Inmediatamente comenzó la "película casera". Podía ver a las dos mujeres comprometidas en una discusión que había tenido lugar aproximadamente diez minutos antes de que yo llegara. No podía oír lo que estaban diciendo pero podía sentirlo, y el sentimiento que recibía era que la mujer que estaba muriendo era una genuina arpía.

"No sé cuál era la razón por la que ustedes dos estaban discutiendo", dije. "Pero realmente este no es el momento para eso. Este es un momento para ser amables en lugar de ser una mujer vieja insoportable".

Sostuve su muñeca nuevamente y pude ver que la razón del enojo de esta mujer era su esposo. Él se había ido un día y había forzado la venta de su casa, dejándola a ella sin ningún lugar donde vivir que no fuera la casa de su hija. Ella odiaba vivir con su hija, y su hija odiaba tenerla allí.

"No te enojes con tu hija por lo que hizo tu esposo", le dije. "No es su culpa".

La mujer pensó que su hija me había contado sobre la pelea. Dejé que ella pensara eso, y tuvimos una conversación de aproximadamente dos horas sobre el amor y el cuidado. Más tarde, cuando la hija regresó, les dije cómo era que sabía realmente sobre su pelea, y cómo era estar muerto.

En ningún lugar ha sido el uso de mis habilidades psíquicas tan gratificante como en estas situaciones de lecho de muerte. Las personas que están muriendo no pueden permitirse el lujo de desperdiciar tiempo, lo que permite una cierta franqueza alrededor del lecho de muerte. Si hay algo de lo que ocuparse, la persona que está por morir prefiere ocuparse en eso inmediatamente. Quieren que los problemas se planteen abiertamente y se resuelvan.

Por ejemplo, una vez fui a un hogar donde ambos padres estaban cuidando a una hija que estaba muriendo de cáncer de mama. La hija estaba casada y tenía dos hijos, un hecho que podía deducir a partir de los cuadros en las paredes.

Entré en la habitación donde estaba la hija y tomé su pulso. Una escena comenzó en mi mente. Podía verla en el consultorio de un médico mientras este le mostraba una radiografía. Estaba señalando a una zona específica y hablándole muy frontalmente a la mujer mientras ella sostenía su mano sobre su boca. Después la vi dejar el consultorio del médico sin intenciones de regresar.

En otra escena pude ver a su marido reaccionando con enojo cuando su esposa le dijo que tenía cáncer. Ella lucía enferma en esta segunda escena, lo que me hizo pensar que era algún tiempo después de la visita al doctor. Podía sentir una gran tensión mientras hablaban. Aunque ella parecía necesitar ternura, él no le ofrecía ninguna, solo enojo.

Sabía lo que había pasado, y fui directo al tema. "¿Te puedo preguntar algo, Jane?", le dije. "¿Por qué no volviste a ver al médico?".

"Yo simplemente no podía creerlo, entonces lo ignoré", dijo.

Comenzó a sollozar suavemente mientras me contaba que no podía enfrentar la idea de una operación. Cuando el cáncer empeoró y su esposo la llevó de vuelta a ver al doctor, descubrió que ella ya sabía sobre la enfermedad. Para entonces era demasiado tarde. Su esposo estaba tan enojado que no quería saber nada más de ella.

"Está furioso conmigo porque no hice nada con esto", dijo ella. "Ahora él va a quedar solo con los chicos y todo, y él me culpa a mí por eso".

"Es demasiado tarde para preocuparse por eso", le dije.

Cuando los padres regresaron, les dije porqué estaba enojado su yerno. No sabían nada sobre el diagnóstico más temprano. Todo lo que sabían era que el esposo estaba tan enojado que ni siquiera venía a ver a su esposa. Al menos ahora ellos comprendían qué estaba sucediendo.

Desafortunadamente esta historia no tiene un final feliz. Fui a ver a su esposo y traté de ayudarlo a superar su enojo. No estaba interesado. Tuvo resentimientos contra su esposa hasta el día de su muerte y, hasta donde sé, no concurrió al funeral. Pero al menos yo lo intenté.

Como dije, fui conducido al trabajo con enfermos desahuciados por las visiones, me dijeron que pasara algún tiempo alrededor de los que estaban muriendo, para comprender la muerte desde la perspectiva de otros. Haciendo este trabajo aprendí que la reducción del estrés era la llave para mejorar la muerte de una persona tanto como su vida.

En algunas ocasiones me maravillaba la forma en que habían ido las cosas desde que me cayó el rayo. Ahí estaba yo, trece años más tarde, empezando recién a sentir como si ya hubiera terminado de salir de la tumba. Físicamente se me veía bien, aunque no estaba bien en absoluto. No podía caminar muy lejos o rápido sin tener que detenerme a recuperar mi aliento. Evitaba las escaleras, principalmente porque subir un par de tramos era tan agotador para mí como lo es correr una milla para la mayoría de la gente. Me paraba en lo alto de los escalones y sudaba profusamente, jadeando para recobrar el aliento.

Mi estado mental había mejorado grandemente. Cuando sucedió el accidente, me sentaba y farfullaba todo el día. Si no estaba hablando sobre mi experiencia cercana a la muerte, estaba hablando sobre la misión que los seres espirituales me habían dado, la que me encomendaba construir los centros. No podía sacármelos de mi mente, de modo que eso era todo lo que salía de mi boca. Todavía hablaba mucho sobre la experiencia, pero ya no lo hacía sin parar, como solía hacerlo.

Con todo, las visiones siempre estaban conmigo. Me impulsaban a completar los centros tan rápidamente como pudiera. Yo sabía cómo hacer reales las visiones, excepto por la cama, que era todavía un misterio para mí. Los transductores que habían aparecido en la visión fueron revelados como semejantes a dos discos de hockey puestos uno al lado del otro. Otros componentes de la cama aparecieron en estas visiones también, y yo iba reconociendo gradualmente qué eran y los encontraba. La clave era asegurarme de que tenía todos los componentes y de que encajaran juntos de la forma correcta. Me habían dado como fecha límite el año 1992 para completar tanto la cama como los centros, una fecha límite que sentía que podía cumplir sin problemas, dado que estaba siendo guiado por las visiones.

De todos modos, el accidente y todo el "bagaje" que lo acompañó pesaban grandemente en mi vida personal. Sandy y yo finalmente nos divorciamos cuando la charla constante sobre la experiencia y la necesidad de construir los centros se volvió demasiado para ella. No podía culparla. Las experiencias cercanas a la muerte son duras para las parejas. Con las visiones constantes y los desarrollos de mi videncia, sumados al daño físico que había sufrido, teníamos una receta infalible para que la relación fracasara.

A pesar de todo esto, mi vida estaba en relativamente buena forma. Como dije antes, estaba recién comenzando a sentirme bien nuevamente. Pero antes de que pudiera siquiera levantarme y quitarme el polvo, volví a caer.

TRECE

Ataque cardíaco

Era mayo de 1989, y yo había estado trabajando muy duro durante el último par de años. Cuando no estaba en Charleston o en las cercanías de Aiken trabajando en mis negocios, estaba en Washington, D.C., instalando dispositivos contra los micrófonos ocultos en el Pentágono. Manejar esta parte de mi negocio solamente me llevaba al menos sesenta horas por semana.

Además, tenía una carga de trabajo sobre mis hombros, impuesta por las visiones, de la que ocuparme. Para aprender sobre el amor, se me había dicho que continuara con el trabajo como voluntario con los enfermos desahuciados. No lamentaba tener que hacer eso. Encontraba gran placer al ayudar a gente en el momento de su mayor necesidad. Aun los miembros de la familia rechazan a la persona que está muriendo, no porque no la amen, sino porque no pueden aceptar el triste hecho de su muerte.

Por ejemplo, me di cuenta de que un hombre tenía problemas para acercarse a la cama de su madre, que era muy mayor y estaba muriendo de cáncer. Él y su familia venían a visitarla dos veces al día, pero después de un tiempo, el hombre solía pararse afuera en el corredor mientras el resto de la familia hablaba con su madre.

Finalmente me acerqué al hombre. Tenía reticencia a hablar al principio, era casi hostil. Entonces rompí el hielo diciendo: "Pareces estar enojado con tu madre". Me miró como si hubiese revelado el más profundo de sus pensamientos, pero ese no era el caso en absoluto. Pienso que nadie que mirase a este hombre podría haber visto el enojo en su rostro. Estaba furioso con la muerte y enojado porque su madre la había aceptado al registrarse para cuidados para enfermos desahuciados. No le gustaba la idea de que la muerte le robara a su madre, que era una de sus compañías más cercanas. En una forma extraña, casi inexplicable, sentía como si ella lo estuviera rechazando.

"No quiero que ella se entregue, porque no la veré nunca más", me dijo con una emoción que inundaba su voz.

Le dije que lo que él estaba haciendo era natural. Yo lo había visto antes. Había vuelto a caer en el rol de un niño. Aunque era un adulto con una familia y un buen trabajo, todavía era el niñito de su mamá. Y ahora ese niñito estaba aflorando y diciendo que si no obtenía lo que quería, no volvería a hablar con su mamá.

"El problema aquí es este", le dije. "Tu madre sabe que es su hora para morir, y lo está enfrentando con coraje. Tienes que acompañarla, porque no hay nada que puedas hacer para cambiarlo. Es su hora".

Después le conté sobre las experiencias cercanas a la muerte y mi propia historia. Estaba embelesado de oír sobre la muerte como el comienzo de una gran aventura y no como el fin.

Fue un momento sanador para este hombre, que volvió a entrar en la habitación y se convirtió en un buen hijo por el resto de la vida de su madre.

Era una experiencia de aprendizaje para mí también, y el aprendizaje es la razón por la cual los seres espirituales querían que yo trabajase como voluntario con enfermos desahuciados.

Pasaba un promedio de veinte horas por semana trabajando con enfermos desahuciados y en hogares para ancianos, pero en ocasiones un poquito más. Cuando los pacientes estaban en sus horas finales, yo me quedaba al lado de sus camas día y noche si ellos me pedían que lo hiciera. Eso significaba perderme muchas horas de sueño, que no eran realmente tan importantes como las lecciones que aprendía de las personas que estaban por morir.

Otras partes de las visiones me llevaban a hacer horas extras también. Había estado construyendo versiones de la cama desde 1979, pero todavía estaba estudiando los componentes. Ahora los había encontrado a todos, pero no entendía totalmente cómo ensamblarlos. Continué trabajando duro para completar el rompecabezas, y la única forma en que sabía hacer eso era mantenerme fiel a las visiones.

El relato de estas visiones se estaba convirtiendo en una carga para mis amigos. Demasiado a menudo los oía decir que yo estaba loco. Por un largo tiempo lo dijeron a mis espaldas. Después llegaron a un punto en el que no les importaba si yo oía o no. Después de una semana particularmente difícil, durante la cual apenas podía mantener mis ojos abiertos, un amigo cercano dijo: "¿Quieres dormir un poco? Olvida esas visiones y continúa con tu vida. Se están interponiendo en tu camino".

No podría haber estado más de acuerdo. Las visiones *estaban* en mi camino. Yo quería que se fueran más que nadie, pero no era tan fácil. Simplemente no podía ignorarlas.

Todo esto se combinó para hacerme trabajar más duro de lo que debería haberlo hecho. Comencé a flaquear. Al principio me sentía constantemente exhausto. Me despertaba cansado y seguía sintiéndome así hasta que me iba a la cama a la noche. Pensando que se trataba de un caso de gripe persistente, trataba de curarla con el sueño.

Me recuperé un poquito, pero tan pronto como retomaba mis arduas horas de trabajo, comenzaba a venirme abajo nuevamente. Estaba manejando cientos de millas todas las semanas, entre mi casa y la zona de Washington, D.C. Me sentía mal físicamente, pero tenía que seguir trabajando duro para que mis negocios sobrevivieran. Sin embargo, yo sabía que algo estaba realmente mal, porque mis pulmones se sentían obstruidos. Y tosía todo el tiempo, pero nada salía.

La severidad de la situación finalmente me golpeó cuando me encontraba yendo a Charlestone con mi socio Robert Cooper. Yo estaba bañado en sudor. Me tendí en el asiento de atrás, esperando que un poco de descanso me hiciera sentir mejor. No sucedió eso. Por el resto del día, no podía sentarme derecho sin tener fuertes sensaciones de mareo. "Debo de tener neumonía", le dije a Robert.

Me fui a la cama por un par de días y realmente me sentía mejor. De todos modos, tan pronto como me levanté y traté de retomar mis actividades habituales, mis pulmones me producían una sensación terrible y me puse peor.

Estaba seguro de que tenía un estado de neumonía o de gripe a la que no podía vencer. "Me liberarán de ella en la sala de emergencias", le dije a una de mis socios. Ella sabía que ir al hospital era un gran paso para mí, porque, como siempre he dicho en broma: "No me gusta ir a hospitales porque cada vez que voy a uno, me muero". Me ayudó a caminar hasta el Hospital East Cooper, que estaba a solo unas pocas cuadras. En el momento en que llegué, me sentía como si hubiese corrido una maratón. En el escritorio de admisión completé un formulario detallando mi historia médica, lo que me tomó la única energía que me quedaba. Finalmente, la persona del escritorio de admisión me envió directamente a una sala de examen mientras mi socia llenaba los formularios de admisión.

"Creo que simplemente tengo gripe", le dije al médico que me examinaba, que miraba con horror la planilla de mi historia clínica.

Yo me esforzaba por respirar ya en ese momento, y parecía como si mis pulmones pesaran una tonelada. El médico auscultó mi corazón y pulmones con su estetoscopio. Sus cejas se levantaron un poquito mientras lo hacía. Después llamó a una enfermera y le pidió que trajese una máquina para hacer un electrocardiograma. El médico y la enfermera fijaron rápidamente los electrodos a mi pecho e hicieron correr una cinta que se parecía a uno de esos gráficos del mercado de acciones. El doctor examinó la cinta por un momento y después la envió para que fuera examinada más cuidadosamente por un especialista.

No se apartó de mi lado. Me ayudaba con mi camisa, mirándome todo el tiempo de una forma que me hacía sentir nervioso. Cuando el informe del especialista vino de vuelta, dejó el área separada por una cortina donde yo estaba sentado, para leerlo. Cuando regresó, parecía aun más nervioso que cuando se había ido.

"¿Quieres que te diga la verdad?", me preguntó.

"Solo la verdad", le dije.

"Bien, tienes una infección que está causando neumonía", dijo. "Pero me temo que estás casi en un ataque cardíaco. Si no te metemos en esa cama y te llevamos a terapia intensiva, estarás muerto en aproximadamente cuarenta y cinco minutos".

Aprecié su franqueza y pensé que requería de gran coraje de su parte. La mayoría de los médicos dan vueltas al verdadero asunto antes de decirle a un paciente que está condenado. Pero este no se enredó, probablemente por la severidad de mi estado. Sospecho a propósito que rondaba cerca de mí porque pensaba que moriría de miedo, pero ¿a qué podía tener miedo? Ya había muerto una vez y me había gustado. Estaba listo para volver. Fue un alivio saber que en menos de una hora estaría muerto.

Dado que el médico rondaba cerca de mí, decidí tratar de aportar un poco de liviandad a la situación. Le sonreí. "Bien, diablos, doc", le dije. "¿No cree que debería acostarme?".

Durante las próximas horas me convertí en el centro de atención. Me colocaron una vía de goteo endovenoso y me dieron grandes cantidades de antibióticos. Vino un médico tras otro a escuchar mi corazón. Me hicieron varios exámenes, incluyendo uno doloroso conocido como cateterismo cardíaco, en el que te introducen un tubo hasta tu corazón a través de una arteria en tu pierna y mandan chorritos de tintura directamente a sus cámaras, para poder verlo en una pantalla de televisión.

Hicieron este examen solo para ver en qué estado estaba mi corazón precisamente. Ya sabían cuál era el problema: me había pescado una infección staph a través de un corte en una mano. Al principio, la infección me hizo sentir como si tuviera gripe. Dado que la ignoré, se convirtió en neumonía. Después se dirigió directamente hacia mi punto más débil, mi corazón dañado por el rayo. Allí se instaló en mi válvula aorta, comiéndola hasta que no pudo cerrar más.

El rayo ya había reducido la capacidad de bombeo de mi corazón casi en un 50 por ciento. Ahora, con la válvula dañada y perdiendo, estaba ahogándome en mi propia sangre. Como resultado, sentía un gran dolor. Estaba esforzándome para respirar, tosiendo con sangre mientras luchaba por conseguir aire. Los antibióticos me estaban descomponiendo, y el constante pinchazo y corte del equipo médico me parecía más una molestia que una ayuda. Sin embargo, estaba de buen humor, mantenía una sonrisa en mi rostro a través de todos los crudos procedimientos. Sabía que moriría, y no estaba descontento con eso.

"Sabe, doc, la muerte no es mala. Es solo llegar a ella lo que duele".

"¿Perdón?", dijo uno de los médicos, levantando la vista de sus planillas.

"He muerto antes y fue realmente muy placentero", le dije. "Es llegar a la muerte lo que duele".

"Veo que ya has muerto antes", dijo, mirando mi historia clínica. "La gente en general no sobrevive a algo como ser fulminado por un rayo, no cuando su corazón deja de funcionar por tanto tiempo como lo hizo el tuyo".

"Lamento haber sobrevivido, doc. Era maravilloso más allá. No quería regresar".

"No te preocupes", dijo el doctor. "Haremos todo lo que podamos para mantenerte con vida".

"No comprende", le dije al médico. "Quiero morir. He estado allí y es hermoso. Desde que regresé me parece que he estado viviendo en un confinamiento. En el Cielo, eres libre de vagar por el universo".

El doctor me miró por un momento y vio la sonrisa en mi rostro. Pienso que eso lo hizo poner un poco más nervioso, porque inmediatamente le hizo una seña a una enfermera en el puesto de enfermería de afuera de la habitación.

"Enfermera", dijo. "Tómele la temperatura a Brinkley, por favor. Creo que tiene fiebre".

Sobreviví esa noche.

Mi amiga Franklyn había llamado a mi padre, y él comenzó una cadena telefónica. A la mañana siguiente, mi familia estaba reunida en el hospital. Pronto la habitación estuvo llena de gente que apenas podía contener sus emociones cuando me veía.

La enfermedad tiene sus momentos interesantes, y uno de ellos es la forma en que eres considerado por otras personas. Yo había experimentado las miradas de descreimiento cuando fui fulminado por el rayo, pero esta vez yo estaba conciente de lo que me rodeaba y podía disfrutar mucho más el efecto que mi apariencia tenía en otros. Era casi como si hubiera sido una pantalla de cine y la gente que entraba en la habitación estuviera mirando las partes truculentas de *El exorcista*.

No puedo culparlos, porque lo que veían era realmente atemorizante, yo estaba azul carbón hasta las uñas de mis dedos. Alrededor de mi cabeza la sábana estaba manchada con la sangre que despedía al toser. Cada inspiración era una lucha, porque mis pulmones estaban llenos de fluido y sonaban cuando exhalaba.

Era extraño para la gente estar rodeando un lecho de muerte cuyo ocupante estaba tan alegre. Sin embargo, yo no podía evitarlo. Le dije a mi papá que simplemente era un problema de perspectiva. "Ustedes consideran que yo estoy partiendo y no volveré nunca", le dije. "Para mí, me estoy yendo a casa".

Una enfermera entró con formularios para que yo firmara. Los miré y me di cuenta de que eran formularios de consentimiento que permitirían una cirugía en mi corazón. Un par de cirujanos me habían dicho que la única forma en que podría sobrevivir era si trataban de reemplazar mi válvula aórtica por una artificial. Les dije que yo estaba preparado para morir y no quería que me operasen, pero ellos no me prestaron atención. Tenían los formularios preparados de todos modos, suponiendo que yo cambiaría de opinión.

"No los firmaré", dije. "Voy a dejar que Dios decida en esta ocasión".

Dos cirujanos entraron en mi habitación. Tenían miradas duras, prácticas, en sus rostros, mientras estaban parados al lado de mi cama. Uno de ellos expuso los hechos mientras el otro estaba parado y miraba.

"Cuanto más esperes, menos posibilidades tienes de sobrevivir a la cirugía", dijo.

"Bien, porque no habrá ninguna cirugía", dije.

"Si no te operamos en aproximadamente diez horas, tu corazón estará demasiado debilitado para que hagamos una cirugía", insistió.

"Maravilloso", dije. "Entonces moriré".

Vi a mi padre en el rincón de la habitación hablando con Franklyn. Después ella se retiró y dejó la habitación.

"Dejaremos los formularios aquí", dijo el cirujano. "Puedes firmarlos si cambias de idea".

En unos minutos, Franklyn regresó. Habló con mi padre por unos segundos, y después los dos se acercaron a mi cama.

"Franklyn acaba de llamar a Raymond", me dijo mi padre. "Está viniendo".

Estaba contento de oír que estaba viniendo. Había estado en Europa por varias semanas en una gira de conferencias. No supo hasta ese llamado que yo estaba en el hospital, o siquiera que estaba enfermo. De acuerdo con Franklyn, estaba tomando un avión desde Georgia y llegaría en un par de horas. Tendría la posibilidad de verlo una vez más antes de morir.

Y así fue que esperamos. No recuerdo mucho de lo que se dijo, pero sí recuerdo lo que yo estaba pensando: "Ahora no tendré la posibilidad de terminar los centros. Se suponía que debía tener uno terminado en 1992, pero no parece que vaya a lograrlo ahora. Hoy voy a morir".

Después de un par de horas, Moody entró en la habitación. Lo que vio claramente lo impresionó. Había cuatro personas paradas alrededor de la cama con expresiones de desaliento y temor, mientras que yo hacía chistes y trataba de levantar sus espíritus. Moody se paró con ellos y trató de actuar con tranquilidad.

"No se te ve tan bien", dijo con su modo suave. "Los médicos aquí te pueden arreglar".

"No quiero que me arreglen", dije. "Simplemente quiero morir".

Siendo un buen médico, Moody insistió: "¿Hay algo que pueda hacer para que tus últimas horas sean más placenteras, entonces?".

"Hay una cosa que puedes hacer", le dije a Moody. "Puedes ir a Arby's y traerme un emparedado de carne con montones de rábano picante. Quiero salir y darme una panzada de colesterol".

Todos nos reímos, y yo me reía tan fuerte que comenzó a salir sangre de mi nariz. Entonces Moody y yo empezamos a hablar acerca de cómo nos habíamos conocido y acerca de toda la gente con la que habíamos hablado. Él dijo que todas las personas que habían tenido experiencias cercanas a la muerte afirmaban que ya no le temían a la muerte, pero que esta era la primera vez que veía demostrada realmente esa falta de temor.

"¿Cómo es eso de que no tienes temor?", me preguntó.

La respuesta llegó con facilidad: "Porque vivir sobre la tierra es como estar forzado a ir a un campamento de verano. Odias a todos y extrañas a tu mamá. Moody, yo me estoy yendo a casa".

Moody trató de consolar a mi familia y amigos. Podía oírlos hablando, pero no prestaba mucha atención a ese punto. Estaba organizando cosas en mi mente, tratando de determinar si había cabos sueltos que tuviera que atar antes de dejar este mundo.

Finalmente, Moody regresó al costado de mi cama.

"No tienes que morir", dijo. "Quédate por mí. Necesito tu ayuda".

Moody tenía una sonrisa maravillosa y comprensiva en su rostro y un tono suplicante en su voz. Me hizo sentir querido y necesitado, un deseo humano básico al cual descubrí que era susceptible. "Bien", dije. "Dame los formularios".

Tan pronto como los firmé, el equipo de cirugía se hizo cargo de la situación.

Alguien cortó un agujero en mi cuello e insertó un tubo. Otra persona cortó un agujero en mi pierna e insertó un tubo que empujaron hasta mi corazón.

Para entonces yo estaba tan débil que los médicos del Hospital East Cooper decidieron transportarme al Hospital Roper, donde llevaban a cabo cirugías de más alto riesgo. Me mantuvieron toda la noche con la esperanza de que mejorase, pero dado que no lo hice, decidieron ir adelante con la operación.

No recuerdo mucho de lo que sucedió después de llegar a Roper. Recuerdo a una enfermera que vino a afeitarme. Después recuerdo haber mirado hacia abajo al lado de mi cama y ver botas de cirugía verdes caminando cerca de mí mientras era transportado en camilla a la sala de operaciones.

Después había un hombre con una máscara verde que me dio dos inyecciones en el trasero. "Esto te relajará", dijo.

Entonces se produjo una oscuridad.

CATORCE

La segunda vez
que morí

Veía todo negro, pero oía voces.

"Este me da mal presentimiento".

"Te entiendo. Tiene una infección, está débil, su corazón fue dañado por un rayo, no está en muy buena forma física. Es un desafío".

"Te apuesto diez dólares a que no sobrevive".

"Hecho".

Di una vuelta saliendo de mi oscuridad para enfrentar la descarnada luminosidad de la sala de operaciones. Vi a los dos cirujanos y a los asistentes de cirugía que estaban apostando sobre mi supervivencia. Estaban mirando mis radiografías de pecho en una caja iluminada y esperando que el trabajo de preparación estuviese terminado, de modo que ellos pudieran ver quién se llevaría las apuestas. Yo me miré a mí mismo hacia abajo desde un lugar que parecía estar bien arriba del cielo raso. Miraba mientras amarraban mi brazo hacia fuera derecho y lo amarraban a una abrazadera de acero inoxidable.

Una enfermera me pintó con un antiséptico marrón y luego me cubrió con una sábana limpia. Otra persona inyectó algo directamente en el tubo intravenoso. Después, un hombre con un bisturí hizo un corte limpio y derecho del largo de mi pecho. Levantó la piel. Una asistente le entregó un aparato que se veía como un pequeño serrucho y él lo enganchó bajo mi esternón. Después lo encendió y abrió mi pecho con el serrucho. Insertaron una espátula en el corte y abrieron la caja de mis costillas. El envoltorio de piel que rodeaba a mi corazón fue cortado por otro médico. En ese momento fui invitado a ver directamente mi propio corazón palpitante.

No recuerdo haber visto nada más. Salí rodando de la cirugía hasta una posición que me dejaba sumido en oscuridad. Podía oír campanillas sonando, tres grupos de tres con un tono al final de cada grupo. En la oscuridad, se abrió un túnel. Las paredes de este túnel tenían marcas como los surcos en un campo recientemente arado. Estos surcos corrían a todo lo largo del túnel hacia la brillante luz del final. Eran gris plateado, salpicado con dorado.

Después de ver la apertura de mi propio pecho y de oír a los médicos hacer apuestas sobre mi supervivencia, sabía que no tenía posibilidades de vivir. Sin embargo, en lugar de estar asustado, me sentía aliviado. Mi cuerpo había sido una carga para mí desde que me fulminó el rayo. Ahora se había acabado. Estaba libre para vagar por el universo nuevamente.

Al final del túnel me recibió el Ser de Luz, el mismo que me había recibido la primera vez. La gente con frecuencia me pregunta si estos Seres tienen rostros. Ninguna de las dos veces vi que tuvieran rostros, este simplemente era un espíritu resplandeciente que estaba con toda seguridad a cargo de mí y sabía adónde se suponía que yo debía ir.

Me acercó a él y cuando lo hacía se desplegó, casi como un ángel desplegando sus alas. Fui abarcado por estas alas de luz, y cuando lo estuve, comencé a ver mi vida toda de nuevo.

Los primeros veinticinco años pasaron tal como lo habían hecho en mi primera experiencia cercana a la muerte. Vi muchas de las mismas cosas: los años en que había sido un mal chico, mi crecimiento y mi transformación en un soldado de malas misiones. Ver estos primeros años de nuevo fue doloroso, no lo voy a negar, pero la agonía estaba aliviada por la contemplación de los años transcurridos desde la primera experiencia cercana a la muerte. Tenía un sentimiento de orgullo por estos años. Los primeros veinticinco años eran malos, pero los próximos catorce eran los de un hombre cambiado.

Veía lo bueno que había logrado en mi vida. Uno tras otro, los eventos tanto grandes como pequeños se volvían a ver mientras estaba allí parado en esta luz que arropaba.

Me vi como voluntario en asilos para ancianos, llevando a cabo aun las más pequeñas de las tareas, como ayudar a alguien a pararse o a peinar su cabello. Varias veces me vi hacer trabajos que ninguna otra persona quería hacer, como cortar uñas del pie y cambiar pañales.

Una vez, por ejemplo, ayudé a cuidar a una mujer anciana. Había estado tendida en la cama por tanto tiempo que estaba rígida y apenas podía moverse. La levanté en mis brazos como a una niña —no debe de haber pesado más que ochenta libras— y la sostuve mientras las enfermeras cambiaban las sábanas. Para darle un cambio de escenografía, la llevé a pasear en brazos por el edificio.

Sabía que esto significaba mucho para ella en ese momento, porque me agradeció muy profusamente y lloró cuando me fui. Ahora, mientras volvía a vivir el evento, la perspectiva que tenía en este lugar celestial me permitía sentir su gratitud al tener a alguien que la levantara y abrazara nuevamente.

Volví a vivir un momento en Nueva York en que invité a un grupo de mujeres vagabundas a un restaurante chino a cenar. Vi a estas mujeres en un callejón revolviendo la basura en busca de latas y sentí compasión por su situación. Las acompañé a un pequeño restaurante y las invité a comer una cena caliente.

Cuando vi este evento nuevamente, pude sentir su desconfianza de mí por ser un extraño. ¿Quién era este hombre y qué quería? Estaban desacostumbradas a que alguien tratase de hacer una buena acción. De todos modos, cuando la comida llegó, estuvieron agradecidas de ser tratadas con humanidad. Nos quedamos en el restaurante por aproximadamente cuatro horas y bebimos varias botellas grandes de cerveza china. La cena me costó más de cien dólares, pero el precio no era nada comparado con el gozo de volver a vivir ese momento.

Vi concursos de pintura y *collage* que yo había ayudado

a organizar para pacientes psiquiátricos, en un hospital donde había trabajado como voluntario. Dado que mi novia se desempeñaba como trabajadora social psiquiátrica, tuve la oportunidad de participar en un experimento que volvió a mí en esta revisión de mi vida.

Era un experimento simple, realmente. Queríamos llevar a varios pacientes psiquiátricos a la iglesia. La mayoría de estos pacientes eran del sur del país y habían crecido oyendo himnos en la iglesia. ¿Por qué no llevarlos a la iglesia, razonamos, para ver si los himnos podían tocar algún lugar sano en sus mentes?

Llevamos aproximadamente a veinte pacientes a una gran iglesia presbiteriana y los hicimos sentar en la última fila. Al final del servicio, muchos de los pacientes estaban cantando himnos que habían cantado en los años anteriores a que su enfermedad mental empezara a controlar sus vidas. Algunos de ellos eran personas que no habían ni siquiera hablado por diez años.

Mientras volvía a vivir esta experiencia, sentí cómo haber ido a la iglesia ayudó a estos pacientes psiquiátricos a conectarse con el mundo real. Pude sentir los buenos sentimientos que habían experimentado mientras bebían ponche, comían galletitas y volvían a vivir los buenos viejos días que habían pasado en la iglesia antes de que algo empezara a funcionar mal en sus cabezas y que ellos se pusieran tan extraños.

Vi a gente a la que había cuidado que estaba sufriendo de sida. Escena tras escena, yo miraba cómo los había ayudado a llevar adelante tareas diarias tales como ir a cortarse el pelo o ir al correo. En esta revisión sentí la importancia que ellos ponían en no ser condenado por otros por el crimen de amar a alguien. En un punto mi revisión hacía hincapié en un incidente específico: la oportunidad en que ayudé a un joven a darle a su familia la muy mala noticia de que tenía sida.

Nos vi a los dos entrando en la sala de estar de la casa de sus padres. Él había pedido que toda su familia se reuniera para este anuncio, de modo que la sala estaba llena con sus padres, hermanos, hermanas e incluso un par de tías.

Nos sentamos frente a todos ellos, y él lo dijo inmediatamente: "Mami, papi, todos, tengo sida".

Hubo un impacto en toda la habitación cuando cayeron sus palabras. La madre inmediatamente abrió su boca y empezó a llorar, y el padre salió por la puerta de adelante y se mantuvo parado en el patio de adelante para estar solo con su dolor.

Todas las personas en su familia habían sospechado que algo no estaba bien con el muchacho, porque se lo veía enfermo y recientemente había perdido mucho peso. Pero nadie nunca soñó que tuviera sida.

Esta fue una confrontación extremadamente dolorosa, que no salió bien. El hombre fue rechazado por su padre, que no podía aceptar la homosexualidad de su hijo. La madre, también, tuvo poco que ver con su hijo después de su anuncio. Cuando yo volvía a vivir el evento, podía sentir la vergüenza y humillación de la familia por lo que acababa de oír. En ese momento yo estaba enojado con ellos porque no habían reaccionado de la forma en que pensaba que deberían haber reaccionado. Pero ahora puedo comprenderlos, porque puedo sentir cómo se sintieron y sé que fue un verdadero impacto oír esta noticia aterradora. Nada en sus vidas los había preparado para algo así.

Después de que dejamos la sala de estar, el muchacho estaba devastado. Habíamos hablado sobre este momento de confesión muchas veces. Él quería ser claro con su familia y tenía sinceras esperanzas de que ellos lo aceptaran. El rechazo que sintió en esa habitación fue como una flecha atravesando su corazón.

Me sentí terrible con el rechazo de su familia. Yo también pensaba que ellos aceptarían a su hijo. ¿Había cometido un error al alentarlo a contarle a su familia? ¿Debería haberle dicho que mantuviera el secreto? Francamente, me sentía descompuesto en ese momento.

"Escucha", le dije mientras sollozaba durante el viaje en auto de vuelta al hospital. "Vas a morir. Tenías que hacerlo para mantenerte honesto y puro. Finalmente lo expusiste y eso es honorable".

Tenía dudas acerca de todo lo que hacía relacionado con este caso. Incluso volví a la casa de los padres del muchacho y les rogué que fueran comprensivos en los últimos días de su hijo. Todavía sentía culpa, como si hubiese ayudado a que se produjera un desastre.

Pero ahora, cuando volvía a vivir el evento y podía sentir las emociones de todos, me daba cuenta de que había hecho lo correcto. A pesar de que había desesperación de parte de todos los involucrados, al final él sentía que había revelado esa parte escondida de sí mismo a su familia y podía prepararse para morir en paz.

La revisión de mi vida que se produjo en esta segunda experiencia cercana a la muerte fue maravillosa. A diferencia de la primera, que estaba llena de tumulto, enojo, e incluso muerte, esta era una exhibición pirotécnica de buenas acciones. Cuando la gente me pregunta cómo es volver a vivir una buena vida en el abrazo de los Seres de Luz, les digo que es como una grandiosa exhibición de fuegos artificiales del Cuatro de Julio, en la que tu vida explota delante de ti en escenas que están condimentadas con las emociones y sentimientos de todas las personas que están en ellas.

Después de que la revisión de mi vida hubo terminado, el Ser de Luz me dio la oportunidad de perdonar a todos los que alguna vez me habían hecho enojar. Eso significaba que podía sacudirme el odio que había acumulado por mucha gente. No quería perdonar a muchas de estas personas porque sentía que las cosas que me hicieron eran imperdonables. Me habían perjudicado en los negocios y en mi vida personal y no me hicieron sentir por ellos más que enojo y desdén.

Pero el Ser de Luz me dijo que debía perdonarlos. Si no lo hacía, me dejó ver, estaría atascado en el nivel espiritual que ocupaba ahora.

¿Qué más podía hacer? Comparado con un avance espiritual, estas ofensas terrenales parecían triviales. El perdón inundó mi corazón, junto con un fuerte sentimiento de humildad. Fue solo entonces que comenzamos a movernos hacia arriba.

El Ser de Luz estaba vibrando. A medida que nos movíamos hacia arriba, su vibración aumentaba, y el sonido que emanaba del Ser se volvía más alto y agudo. Nos movíamos hacia arriba a través de densos campos de energía que cambiaban de color desde el azul oscuro a un azul blanquecino, punto en el cual nos detuvimos. Entonces el tono del Ser bajó y nos movimos hacia adelante. De nuevo, como en la primera experiencia, volamos hacia una cadena de montañas majestuosas, donde descendimos y aterrizamos en una meseta.

En esta meseta había un edificio enorme que lucía como un invernadero. Estaba construido de grandes paneles de vidrio que estaban llenos de un líquido de todos los colores del arco iris.

Cuando pasamos a través del vidrio, también pasamos a través de todos los colores contenidos en el líquido. Estos colores tenían sustancia y se sentían como la niebla que se levanta en el océano. Nos ofrecían una ligera resistencia mientras entrábamos en la habitación.

Dentro había cuatro filas de flores, bellezas de largos tallos con pétalos en forma de taza, con la consistencia de la seda. Eran de todos los colores imaginables, y en cada una de ellas había gotas de rocío de color ámbar.

Entre estas flores había seres espirituales con togas plateadas. No eran Seres de Luz. Puedo describirlos mejor como terrícolas radiantes. Se movían hacia arriba y hacia abajo en las filas de flores, emitiendo algún tipo de energía que hacía que las flores se volvieran más brillantes en color cuando ellos pasaban. Estos colores salían de los pétalos y salían como rayos a través de los paneles de vidrio, devolviendo un arco iris de colores. El efecto era como estar en una habitación rodeada de diez mil prismas.

Sentí que este ambiente era tremendamente relajante. Los colores y el entorno se combinaban con la vibración bulliciosa del Ser para borrar el estrés. Recuerdo que pensé: *Aquí estoy, ya sea muerto o muriendo, y sintiéndome bien con eso.*

El Ser de Luz se acercó a mí. "Este es el sentimiento que deberías crear en los centros", me dijo. "Al crear energías y tonos en los centros, puedes hacer que la gente se sienta del modo en que te sientes tú ahora".

Me di cuenta de la fragancia de las flores. Cuando aspiraba su aroma, oía un cántico resonando a través de todo el edificio. A-L-L-A-H-O-M, decía el cántico, A-L-L-A-H-O-M.

Este cántico me hizo tomar conciencia de todo lo que había a mi alrededor, y comencé a respirar la fragancia profundamente y a observar todo con tal intensidad que era casi como si me estuviera bañando en ella. A-L-L-A-H-O-M, A-L-L-A-H-O-M, seguía el cántico, y yo estaba más y más compenetrado con lo que me rodeaba. Cuando estuve absolutamente compenetrado, comencé a vibrar a una velocidad igual a la de todo lo que me rodeaba y podía sentir todo. Al mismo tiempo, todo me sentía a mí.

Mientras yo ahondaba en este mundo celestial, él también ahondaba en mí. Había una igualdad de experiencia. No solo se me *regalaba* a mí una experiencia celestial, yo estaba *regalando* una.

Mientras me estaba fundiendo con este lugar que llamo el reino celestial, este también se estaba fundiendo conmigo con la misma cantidad de respeto, valentía, esperanza y sueños. Yo era un igual para todas las cosas que estaban allí. Me di cuenta de que la comprensión y el amor verdaderos nos hacen iguales. El Cielo es esa clase de lugar.

Me hubiera quedado allí con alegría. Había aspirado la fragancia celestial y me había visto a mí mismo entre la esencia de todas las cosas. ¿Qué más podía pedir?

Miré al Ser de Luz, que sabía sin dudas lo que yo estaba pensando: "No, no te quedarás esta vez", me dijo telepáticamente. "Tienes que regresar nuevamente".

No discutí. Miré a mi alrededor e incorporé una vista que el tiempo nunca borrará de mi mente. La habitación estaba cruzada con colores que irradiaban de los paneles llenos de líquido. En la distancia se podían ver montañas de picos irregulares que eran exactamente tan hermosas como los Alpes suizos.

El cántico que resonaba a través de la habitación era tan hermoso como una sinfonía. Cerré mis ojos y dejé que mis oídos se bañaran en el sonido. La fragancia era maravillosamente embriagadora. Respiré profundo... y estaba de vuelta en mi cuerpo.

No pasé por una zona de transición esta vez, y el cambio fue muy abrupto. Era como estar en el Palacio de Buckingham pestañeando, y de repente encontrarte en un garaje.

Miré alrededor de la habitación y vi a otras personas cubiertas con sábanas azul pastel. La habitación era muy luminosa, y todos en ella tenían tubos en sus cuerpos que estaban conectados a bolsas o máquinas. Sentía que yo tenía tubos que bajaban por mi garganta y agujas cla-

vadas en mis brazos, como si hubiese plomo en mi cabeza y un elefante sentado sobre mi pecho. Además de
todo esto, estaba congelándome de frío. *Buen Dios*, pensé,
me siento peor que antes de la cirugía.

"¿Dónde estoy?", le pregunté a una enfermera.

"Estás en la sala de recuperación", me dijo.

Cerré los ojos y no recuerdo nada de lo que sucedió
en las próximas dieciocho horas.

Algo sucedió en la sala de recuperación que no recuerdo para nada. Franklyn me contó esta historia y el
médico la confirmó.

Poco tiempo después de que la cirugía terminó, uno
de los cirujanos se dio cuenta de que yo estaba perdiendo
sangre por uno de los tubos. Se mantuvo vigilándolo por
algún tiempo y después llamó a otro médico. Decidieron
que tendrían que volver a abrir y tratar de contener la
pérdida quirúrgicamente.

Franklyn estaba parada allí escuchando. Cuando oyó
que estaban considerando otra cirugía, se abrió paso
entre ellos y se arrodilló al lado de mi cabeza. "Dannion,
el médico dice que estás sangrando y que tendrán que
cortarte otra vez para detener la pérdida de sangre. Puedes detenerlo, Dannion, yo sé que puedes. Trata de detener esta pérdida".

Los doctores se mantuvieron parados allí, observando,
por un tiempo. En unos pocos minutos, la pérdida se
detuvo. Y después, dijo Franklyn, simplemente se mira-
ron uno a otro y salieron de la habitación.

En unos pocos días yo me había recuperado lo suficiente como para salir de la cama y tomar una ducha.

Algunos días después de eso, pude ponerme ropa de calle y bajar a hurtadillas hasta la cafetería del hospital para tener una buena comida.

Mientras estaba allí comiendo pollo frito, el asistente quirúrgico que había apostado a que moriría entró y se sentó en una mesa próxima a la mía. Me presenté y después le dije lo que había visto y oído mientras me preparaban para operar mi corazón.

Él se puso nervioso por lo que le dije y hasta llegó a disculparse por hacer semejante apuesta cuando todavía estaba "despierto".

"Está todo bien", le dije. "De algún modo me hubiera gustado que ganases la apuesta".

QUINCE

Continuará

Mi operación de corazón no logró hacerme físicamente íntegro. Fui dado de alta en algunas semanas, pero de muchas formas era como ir de la sartén al fuego. En algunas ocasiones todavía me desmayo cuando hago ejercicio, aunque este sea mínimo. Con frecuencia me he puesto azul y me he visto forzado a tenderme en restaurantes o centros comerciales porque mi corazón no estaba bombeando como debería. Por un largo tiempo pude descontar que me desmayaría al menos dos veces a la semana. Finalmente aprendí a reconocer las señales de peligro y a sentarme antes de caer. Eso me ahorró varios sangrados de nariz, pero todavía me desmayo aproximadamente una vez al mes.

Algunas de mis medicaciones me hacen extremadamente susceptible a las infecciones, y la alta dosis de adelgazante de sangre que debo tomar hace que un corte común me haga sangrar como un torrente de montaña.

En el verano de 1993, me corté mi dedo y contraje una infección staph que me mantuvo en la cama por casi un mes. A pesar de recibir dosis enormes de antibióticos en forma intravenosa, casi entro en un shock séptico. Por días quise morir, no tanto para visitar el lugar celestial, sino porque tenía tanto dolor físico que apenas podía soportarlo.

A través de todos estos sufrimientos físicos, las visiones me han sostenido. Aunque ya no "acudo" a las clases celestiales en las que los Seres de Luz me enseñaban sobre la construcción de los centros, he recordado bien mis lecciones y planeo hacer construir el primero muy pronto.

En 1991 completé la cama, que es el componente más importante en estos centros de reducción del estrés. La monté en la clínica del Dr. Raymond Moody, en la zona rural de Alabama. Él estaba a punto de comenzar a estudiar las apariciones facilitadas, un método por el cual personas desconsoladas pueden tener encuentros visionarios con seres queridos que hayan fallecido. Para lograr el estado necesario para estos encuentros, el paciente debe estar extremadamente relajado. Después de probar la cama él mismo, Moody decidió que era una forma excelente para que sus pacientes se relajaran rápidamente.

Usamos la cama con mucha gente, y a menudo los resultados fueron mucho más allá de la relajación. Paciente tras paciente informaron que experimentaban intrigantes formas de estados alterados. Algunos vieron visiones caleidoscópicas de color, otros se sintieron tan relajados que, tal como una persona lo expresó: "Sentía que me iba a implosionar".

El más común de los estados alterados que nos comunicaban era la sensación de estar fuera del cuerpo.

Ahora que he podido probar la cama en un entorno clínico, puedo concentrarme en establecer los centros. Estoy trabajando en el primero de ellos en South Carolina. El objetivo central de este centro será el de ayudar a los enfermos terminales a enfrentar la muerte. Setenta y cinco centavos de cada dólar gastado en salud en este país es gastado en los últimos seis meses de la vida de un paciente para extenderla un promedio de catorce días. Esos son los días más horrorosos de la vida de una persona que está muriendo, y ciertamente están entre los más difíciles para su familia.

Pienso que es importante para la gente evitar una muerte dolorosa. No estoy abogando por el suicidio, simplemente por el sentido común. Un mantenimiento innecesario de la vida genera falsas expectativas y le impide a la gente hacer una transición tranquila y espiritual. También es devastador para sus familias, que pueden invertir todos sus recursos económicos y espirituales en mantener a un ser querido con vida solo por unos pocos días más.

Habiendo muerto dos veces, yo sé que el mundo que nos aguarda cuando dejemos este tiene mucho que ofrecer a una persona con una enfermedad terminal. Esa es la razón por la cual el primer centro será un hogar para enfermos desahuciados, que ayude a hacer la transición a la persona enferma al mismo tiempo que ayude a su familia a hacer frente a la pérdida próxima. El centro será un lugar de risa y de profunda relajación, un lugar donde la gente pueda curar su espíritu y construir una fuerte fe en Dios.

Mucha gente me ha preguntado por qué soy tan implacable acerca de estos centros.

"Escucha", digo. "Trece Seres de Luz me dijeron que construyera estos centros. Me lo encargaron. No me preguntaron si quería construirlos, simplemente me dijeron que eso es lo que tengo que hacer. Cuando muera, estaré con ellos para siempre. Sabiendo eso, estoy decidido a conseguirlo".

En los últimos años, he hablado con millones de personas en todo el mundo sobre mis dos experiencias cercanas a la muerte. Por invitación de Boris Yeltsin, aparecí en la televisión rusa con el Dr. Moody y conté a millones de personas en solo ese país sobre mis experiencias y visiones. Pude incluso hablar acerca de mi convicción en el capitalismo espiritual, que todas las personas deberían ser libres para rendir culto de la forma en que elijan. Hay muchos caminos para la rectitud, dije, y esas son buenas noticias para todos nosotros, dado que nadie parece estar en el mismo camino, según puedo ver.

Sé que el camino en el que estoy es único. Con frecuencia me lo dice la gente que conozco. En una oportunidad, después de hablar a un grupo de una iglesia sobre mi vida, una mujer se me aproximó con una mirada de desconcierto. Había oído hablar de Dios a mucha gente, dijo, pero nunca a nadie como yo.

"Apuesto a que usted bebe", dijo.

"Sí, señora, lo hago".

"Y a usted obviamente le gustan las mujeres, ¿verdad?".

"Sí, señora, así es".

"Entonces, le diré esto, Sr. Brinkley", dijo, aojándome. "Cuando Dios estaba buscando profetas, debe de haber estado raspando el fondo del barril para haberlo encontrado a usted".

Yo no podía estar más de acuerdo. Solo tengo que mirarme en el espejo y ver el hombre en el que me he convertido para estar totalmente perplejo por todo lo que ha sucedido.

¿Por qué a mí?, pregunto con frecuencia. ¿Por qué esta clase de cosas me sucedieron a mí? Nunca pedí que me sucedieran. Nunca me puse de rodillas y le pedí al Buen Señor que cambiara mi vida. ¿Por qué a mí?

No tengo respuesta a esa pregunta. Sin embargo, en mi búsqueda de consuelo, a menudo me descubro leyendo Corintios I, especialmente el capítulo 14, que contiene una de las escrituras más poderosas de la Santa Biblia. En ese capítulo pueden encontrarse dos versos que me reconfortan:

Porque aquel que habla un lenguaje incomprensible no se dirige a los hombres sino a Dios, y nadie le entiende: dice en éxtasis cosas misteriosas. En cambio, el que profetiza habla a los hombres para edificarlos, exhortarlos y reconfortarlos.

No sé por qué fui elegido para hacer lo que hago. Yo solo sé que mi trabajo debe continuar.